KB206012

영혼을 살리는 설교 2

성령의 인도

목차

하나님은 영으로 존재한다.

"하나님은 영이시니 예배하는 자가 영과 진리로 예배할지니라" (요 4:24).

하나님은 성령으로 천지를 창조하였다.

"태초에 하나님이 천지를 창조하시니라" "땅이 혼돈하고 공허하며 흑암
이 깊음 위에 있고 하나님의 영은 수면 위에 운행하시니라" (창 1:1-2).

성령이 수면 위에 운행하면서 하나님의 말씀을 따라서 천지를
창조하였다. 이처럼 성경은 하나님이 영이신 것과 천지를 창조한
성령의 능력에 대하여 말씀한다.

이 외에도 성경은 성령에 대하여 많은 말씀을 한다. 성령 세례를
받으라고 한다. 성령 충만하라고 한다. 성령의 인도함을 받으라고
한다. 성령으로 거듭나라고 한다. 성령 안에서 기도하라고 한다.
성령을 소멸하지 말라고 한다. 성령의 감동을 받았다고 한다. 성
령이 말씀하였다고 한다.

성경은 눈에 보이지도 않는 성령에 대하여 이처럼 많은 말씀을
하고있다. 그렇다면 믿는 자들이 이러한 성령에 대하여 잘 이해하
고 체험하고 있는 것일까? 물론 그렇지 않다. 나의 옛날 모습을 돌

아보아도 그렇고 내가 가르치고 교제한 사람들을 보아도 그렇다.

성령이라는 단어에는 익숙하지만 성령에 대한 지식과 경험은 별로 없는 것이 많은 믿는 자들의 형편이다. 이 책을 출간하게 된 동기가 바로 이것이다. 믿는 사람들에게 성령에 대하여 가르치기 위한 것이다.

이 책은 성령이 어떤 분인지 소개한다. 성령의 은사와 능력에 대하여 가르친다. 성령으로 세례를 받는 것이 무엇인지 상세히 알려 준다. 성령을 구하여 받도록 돕는다. 성령의 인도함을 체험하게 할 것이다. 육에 속한 자에서 영에 속한자로 변하게 할 것이다. 영을 분별할 수 있는 지혜를 갖게 할 것이다.

천지를 창조할 정도로 엄청난 능력으로 역사하는 성령이 우리 인간 안에서도 동일하게 같은 능력으로 역사할 수 있다는 것을 깨닫게 할 것이다. 그러한 능력을 체험하게 할 것이다. 항상 성령 충만한 삶을 살 수 있도록 도울 것이다.

그리하여 주님 오시는 날에 기름을 넉넉히 준비한 슬기로운 처녀처럼 들림 받도록 인도할 것이다. 이 책에는 이러한 모든 것에 대한 지혜가 들어 있다. 성령의 능력이 이 책을 읽는 분들에게 임하게 될 것이다.

I
성령 세례

---

1. 성령으로 세례를 받으라

2. 성령으로 거듭나다

3. 방언의 능력

1
성령으로 세례를 받으라

"오순절 날이 이미 이르매 그들이 다같이 한 곳에 모였더니" "홀
연히 하늘로부터 급하고 강한 바람 같은 소리가 있어 그들이 앉
은 온 집에 가득하며" "마치 불의 혀처럼 갈라지는 것들이 그들
에게 보여 각 사람 위에 하나씩 임하여 있더니" "그들이 다 성령
의 충만함을 받고 성령이 말하게 하심을 따라 다른 언어들로 말
하기를 시작하니라" (사도행전 2:1-4).
"하나님이 오른손으로 예수를 높이시매 그가 약속하신 성령을
아버지께 받아서 너희가 보고 듣는 이것을 부어 주셨느니라"
(사도행전 2:33).

믿음 생활과 관련하여 매우 중요한 의식이 있습니다. 그것은 세례
의 의식입니다. 세례의 의식이 중요한 이유는 그 의미가 회개이기 때
문입니다. 예수를 믿으면 구원받습니다. 그러나 회개를 하지 않으면
예수를 마음으로 믿어도 구원받지 못합니다. 그러므로 세례는 예수
를 믿는 즉시 해야 하는 중요한 의식입니다.

요한은 요단강에서 많은 사람들에게 세례를 베풀었습니다. 세례
를 받은 사람들은 죄를 자복하고 예수를 믿었습니다. 요한이 베푼
세례는 물 세례입니다. 요단강 물에 잠겼다가 나오는 형식으로 베푼

세례였습니다. 몸이 물에 잠기면서 죄 있는 과거의 나는 그리스도와 함께 죽고 회개하여 새로운 사람으로 거듭나는 것입니다.

요한이 물로 세례를 베풀며 예수님은 성령으로 세례를 베풀 것이라고 전하였습니다. 마가복음 1장 8절을 보겠습니다.

> "나는 너희에게 물로 세례를 베풀었거니와 그는 너희에게 성령으로 세례를 베푸시리라"(막 1:8).

세례는 물 세례와 성령 세례 두 가지가 있습니다. 물 세례는 물에 잠겼다 나오는 형식으로 합니다. 성령 세례는 하나님이 초자연적으로 부어 주는 것으로 어떤 의식을 통하여 받는 것이 아닙니다.

물 세례는 죄를 자복하고 회개하는 의식이지만 즉시로 회개한 증거를 볼 수는 없습니다. 물 세례는 예수를 믿고 회개하여 거듭나는 시발점입니다. 성령 세례는 통렬하고 깊은 회개를 하면서 받게 됩니다. 성령으로 세례를 받으면 회개한 증거가 됩니다. 순식간에 거듭납니다. 구원의 인침을 받습니다. 성령의 은사와 능력이 함께 부어집니다. 나와 돈을 위하던 삶에서 예수 그리스도 중심으로 극적인 삶의 변화가 이루어집니다.

물 세례를 받는 것과 성령 세례를 받는 것은 이러한 차이가 있습니다. 물 세례 보다는 성령 세례에 더욱 실제적이고 급속한 거듭남의 능력이 있습니다. 결혼에 비유하면 물 세례는 결혼식이고 성령 세례는 부부가 함께 사는 것입니다. 둘 다 중요합니다. 그러나 결혼의 실제 효력은 함께 사는 것에 있듯이 성령 세례에 회개하는 실제 능력이 있습니다.

사도행전 10장 47절을 보겠습니다.

"이에 베드로가 이르되 이 사람들이 우리와 같이 성령을 받았으니 누가
능히 물로 세례 베풂을 금하리요 하고"(행 10:47).

이 구절은 성령으로 세례를 받은 사람들이 물로 세례 받는 것을
보여줍니다. 이는 부부가 함께 살다가 나중에 결혼식을 하는 것과
같습니다. 자연스러운 일입니다. 물 세례와 성령 세례가 모두 중요한
것이라는 것을 보여주는 것입니다.

지금까지는 물 세례와 성령 세례의 차이에 대하여 설명하였습니
다. 이제부터는 성령 세례의 의미와 본질에 대하여 조금 더 자세히
살펴보겠습니다.

첫째, 성령 세례를 받는 것은 하나님이 주는 가장 좋은 것을 받는
것입니다. 누가복음 11장 13절과 마태복음 7장 11절을 보겠습니다.

"너희가 악할지라도 좋은 것을 자식에게 줄 줄 알거든 하물며 너희 하늘
아버지께서 구하는 자에게 성령을 주시지 않겠느냐 하시니라"(눅
11:13).
"너희가 악한 자라도 좋은 것으로 자식에게 줄 줄 알거든 하물며 하늘에
계신 너희 아버지께서 구하는 자에게 좋은 것으로 주시지 않겠느냐"(마
7:11).

이 두 구절은 같은 내용입니다. 단어 하나만 다릅니다. 누가복음 11장 13절에는 "성령"이라는 단어를 사용하였고 마태복음 7장 11절에는 "좋은 것"이라는 단어를 사용하였습니다. 이 두 구절을 연결하면 성령은 좋은 것이라는 의미가 됩니다. 하나님 아버지는 믿는 자녀들에게 줄 수 있는 것이 많이 있습니다. 그 중에서 가장 좋은 것이 성령입니다. 성령으로 세례를 받는 것이 성령을 받는 것입니다.

둘째, 예수 그리스도는 성령을 부어 주려고 승천하였습니다. 요한복음 16장 7절을 보겠습니다.

"그러나 내가 너희에게 실상을 말하노니 내가 떠나가는 것이 너희에게 유익이라 내가 떠나가지 아니하면 보혜사가 너희에게로 오시지 아니할 것이요 가면 내가 그를 너희에게로 보내리니" (요 16:7).

보혜사는 성령을 의미합니다. 예수님이 승천하는 것이 사람들에게 유익한 이유는 성령을 보내 줄 수 있기 때문입니다. 예수님이 승천하고 열흘 후에 예루살렘에 모인 사람들에게 성령이 부어졌습니다. 만민에게 성령을 부어주겠다는 요엘서의 예언이 이루어졌습니다.

셋째, 성령을 받으면 성령의 은사를 함께 받습니다. 성령을 받을 때에 방언의 은사를 받습니다. 본문 말씀도 그것을 보여주고 나의 경험도 동일합니다. 예언의 은사도 받습니다. 사도행전 19장 6절을 보겠습니다.

"바울이 그들에게 안수하매 성령이 그들에게 임하시므로 방언도 하고 예언도 하니" (행 19:6).

성령을 받을 때에 주어지는 두 가지 기본적인 은사가 방언과 예언입니다. 방언은 자신의 덕을 세우고 예언은 교회의 덕을 세웁니다. 방언은 믿지 않는 자들을 위한 표적이 되고 예언은 믿는 자들을 위한 것입니다. 고린도전서 14장 4절과 22절을 보겠습니다.

"방언을 말하는 자는 자기의 덕을 세우고 예언하는 자는 교회의 덕을 세우나니" (고전 14:4).
"그러므로 방언은 믿는 자들을 위하지 아니하고 믿지 아니하는 자들을 위하는 표적이나 예언은 믿지 아니하는 자들을 위하지 않고 믿는 자들을 위함이니라" (고전 14:22).

이 두 가지 은사는 믿음 생활에 가장 중요한 것입니다. 그러므로 성령을 받을 때에는 이 두 가지 은사가 함께 오는 것입니다.
넷째, 성령을 받으면 전도하는 능력을 받습니다. 누가복음 24장 49절을 보겠습니다.

"볼지어다 내가 내 아버지께서 약속하신 것을 너희에게 보내리니 너희는 위로부터 능력으로 입혀질 때까지 이 성에 머물라 하시니라" (눅 24:49).

아버지가 약속한 것은 성령입니다. 위로부터 능력이 입혀진다는 것은 성령을 받을 때에 능력을 받는다는 의미입니다. 특별히 복음 전하는 능력을 크게 받습니다. 사도행전 1장 8절을 보겠습니다.

"오직 성령이 너희에게 임하시면 너희가 권능을 받고 예루살렘과 온 유대
와 사마리아와 땅 끝까지 이르러 내 증인이 되리라 하시니라" (행 1:8).

이 구절은 성령이 임하면 권능을 받고 그 후에 복음을 전하라고
합니다. 즉 성령을 받을 때에 복음 전하는 권능을 받는 것입니다.

베드로는 오순절에 성령을 받자 마자 설교를 하여 삼천 명이 주께
로 돌아오는 능력을 행하였습니다. 바울은 다메섹에서 성령을 받고
예수 믿는 자들을 탄압하던 사람에서 즉시로 예수의 복음을 전하는
자로 변하였습니다. 그리하여 많은 사람들을 전도하였습니다. 유럽
까지 복음을 전하였습니다.

나도 성령을 받은 후 즉시로 만나는 사람마다 복음을 전하는 사
람으로 바뀌었습니다. 땅 끝에서 많은 사람들을 주께로 인도하였습
니다. 성령을 받음으로 복음 전하는 능력이 입혀졌기 때문입니다.

다섯째, 성령으로 세례를 받으면 죄에 더욱 민감하며 죄가 더 잘
보입니다. 그러므로 죄를 잘 짓지 않습니다. 다른 사람의 죄를 지적
하여 권면하거나 책망하게 됩니다. 이것이 예언의 은사입니다. 요한
복음 16장 8절을 보겠습니다.

"그가 와서 죄에 대하여, 의에 대하여, 심판에 대하여 세상을 책망하시리
라" (요 16:8).

여기서 그는 성령입니다. 성령을 받은 사람을 통하여 성령이 죄를 지적하고 죄인을 책망한다는 의미입니다. 베드로는 예수를 죽인 유대인들을 책망하였습니다. 바울도 사람들의 죄를 지적하였습니다. 스데반은 유대인들에게 회개하라고 말하다 죽임을 당했습니다. 사람들의 죄를 지적한 이 사람들은 모두 성령으로 세례를 받은 사람들입니다.

여섯째, 성령 세례를 받은 사람도 다시 타락할 수 있습니다. 히브리서 6장 4절에서 6절까지를 보겠습니다.

"한 번 빛을 받고 하늘의 은사를 맛보고 성령에 참여한 바 되고" "하나님의 선한 말씀과 내세의 능력을 맛보고도" "타락한 자들은 다시 새롭게 하여 회개하게 할 수 없나니 이는 그들이 하나님의 아들을 다시 십자가에 못 박아 드러내 놓고 욕되게 함이라" (히 6:4-6).

이 구절에서 묘사하는 사람은 성령으로 세례를 받은 사람입니다. 이러한 사람이 다시 타락하면 새롭게 회개할 수 없습니다. 그 죄는 예수님을 다시 한번 십자가에 못 박는 것과 같이 매우 큰 죄입니다.

회개를 하지 않은 더러운 심령에는 깨끗한 성령이 임하지 않습니다. 그러므로 성령으로 세례를 받으면 회개한 증거입니다. 구원을 보증 받은 것입니다. 고린도후서 1장 21절, 22절을 보겠습니다.

"우리를 너희와 함께 그리스도 안에서 굳건하게 하시고 우리에게 기름을 부으신 이는 하나님이시니" "그가 또한 우리에게 인치시고 보증으로 우리 마음에 성령을 주셨느니라"(고후 1:21-22).

　　이 구절은 성령 세례 받은 것을 구원을 보증 받은 것으로 표현합니다. 성령으로 세례를 받으면 성령이 그 사람을 강력하게 인도해갑니다. 여러가지 은사와 능력도 주어집니다. 그러므로 다시 세상으로 돌아가거나 타락하기가 쉽지 않습니다. 그러므로 구원을 보증 받은 것이라고 표현한 것입니다.

　　그럼에도 불구하고 성령을 받고 타락하는 사람이 있습니다. 이러한 사람들은 다시 회개할 기회도 갖지 못하고 멸망합니다. 히브리서 10장 26절에서 29절까지를 보겠습니다.

　　"우리가 진리를 아는 지식을 받은 후 짐짓 죄를 범한즉 다시 속죄하는 제사가 없고" "오직 무서운 마음으로 심판을 기다리는 것과 대적하는 자를 태울 맹렬한 불만 있으리라" "모세의 법을 폐한 자도 두세 증인으로 말미암아 불쌍히 여김을 받지 못하고 죽었거든" "하물며 하나님의 아들을 짓밟고 자기를 거룩하게 한 언약의 피를 부정한 것으로 여기고 은혜의 성령을 욕되게 하는 자가 당연히 받을 형벌은 얼마나 더 무겁겠느냐 너희는 생각하라"(히 10:26-29).

　　이 구절에서 "우리가 진리를 아는 지식을 받은 후 짐짓 죄를 범한즉 다시 속죄하는 제사가 없고"라는 말씀도 성령을 받은 사람이 다시 죄를 지으면 죄 사함을 얻지 못한다는 것입니다. 성령으로 세례를 받아 진리를 아는 사람이 다시 죄를 짓는 것은 하나님의 아들을 짓

밟는 것입니다. 예수의 피를 부정한 것으로 여기는 것입니다. 은혜의 성령을 욕되게 하는 것입니다. 그러므로 속죄하는 제사가 없고 형벌만 기다리는 것입니다.

일곱째, 성령을 받는 방법에 대하여 살펴보겠습니다. 하나님은 성령을 구하면 준다고 약속하였습니다. 누가복음 11장 13절을 보겠습니다.

"너희가 악할지라도 좋은 것을 자식에게 줄 줄 알거든 하물며 너희 하늘 아버지께서 구하는 자에게 성령을 주시지 않겠느냐 하시니라" (눅 11:13).

하나님의 약속을 믿고 성령을 구하면 받을 수 있습니다. 그런데 그 전에 할 일이 두 가지 있습니다. 첫째, 성령 받기를 사모해야 합니다. 하나님은 인격적입니다. 사모하지 않으면 주지 않을 수도 있습니다. 둘째, 회개해야 합니다. 회개를 하지 않은 더러운 심령에 거룩한 성령이 임할 수 없습니다. 다시 정리를 하면 성령 받기를 사모하며 회개하면서 구하면 성령으로 세례를 받을 수 있습니다.

성령으로 세례를 받으며 구원을 인침 받습니다. 각종 신령한 은사를 받습니다. 하나님의 능력을 입게 됩니다. 세상에서 이것 보다 더 귀하고 소중한 것이 없습니다. 그러니 구하여 받기 바랍니다. 이미 받은 사람은 성령이 소멸되지 않도록 힘쓰십시오. 다시 타락하지 않도록 날마다 자신을 쳐 복종시키십시오. 고린도전서 9장 27절을 보겠습니다.

"내가 내 몸을 쳐 복종하게 함은 내가 남에게 전파한 후에 자신이 도리어 버림을 당할까 두려워함이로다"(고전 9:27).

바울은 성령 충만하여 자신의 목숨을 아깝게 여기지 않으며 사역하였습니다. 이러한 바울도 구원을 잃게 될까 두려운 마음을 가졌습니다. 그러니 여러분 스스로를 잘 살피십시오. 두렵고 떨림으로 구원을 이루어 가십시오.

성령으로 세례를 받았음에도 혹시 세상의 죄 중에 빠져 있지 않습니까? 성령 세례를 받은 후에도 돈을 사랑하고 있지 않습니까? 성령을 받았음에도 재산을 쌓고 있지 않습니까? 성령을 받았음에도 전도에 게으르지 않습니까? 성령을 처음 받았을 때에는 뜨거웠지만 지금은 미지근하지 않습니까?

처음 사랑을 회복하십시오. 요한계시록 2장 4절을 보겠습니다.

"그러나 너를 책망할 것이 있나니 너의 처음 사랑을 버렸느니라"(계 2:4).

다시 뜨거운 물이 되십시오. 미지근한 물은 토해버립니다. 요한계시록 3장 15절, 16절을 보겠습니다.

"내가 네 행위를 아노니 네가 차지도 아니하고 뜨겁지도 아니하도다 네가 차든지 뜨겁든지 하기를 원하노라""네가 이같이 미지근하여 뜨겁지도 아니하고 차지도 아니하니 내 입에서 너를 토하여 버리리라"(계 3:15-16).

성령 세례는 뜨거운 것입니다. 죄를 모두 불사를 정도로 뜨겁습니다. 그러므로 성령 세례 받는 것을 성령의 불을 받았다고 하는 것입니다. 그러니 성령으로 세례를 받은 여러분은 이제 뜨겁게 하나님을 사랑하십시오. 뜨겁게 이웃을 사랑하십시오. 뜨겁게 그리스도의 복음을 전하십시오.

성령으로 세례를 받지 않은 사람은 뜨겁게 성령 받기를 사모하십시오. 뜨겁게 회개하십시오. 뜨겁게 성령을 구하십시오. 그리하여 성령의 불을 받게 되기를 성령을 부어 주는 우리 주 예수 그리스도의 이름으로 축복합니다.

2
성령으로 거듭나다

"예수께서 대답하시되 진실로 진실로 네게 이르노니 사람이 물과 성령으로 나지 아니하면 하나님의 나라에 들어갈 수 없느니라" (요한복음 3:5).
"오직 성령이 너희에게 임하시면 너희가 권능을 받고 예루살렘과 온 유대와 사마리아와 땅 끝까지 이르러 내 증인이 되리라 하시니라" (사도행전 1:8).

성령으로 세례를 받고 거듭난 어떤 사람의 간증을 소개하겠습니다.

어느 날 갑자기 구하지도 않은 하나님의 성령이 나에게 불같이 내려왔습니다. 그것은 급하고 강한 바람처럼, 쓰나미처럼 밀려와 나의 육체와 심령을 찔러 쪼개었습니다. 온몸이 심히 떨렸고 울부짖으며 기도하게 하였습니다. 내가 죄로 마땅히 죽어야 한다고, 죽게 해달라고 간절히 애원하였습니다. 회개하게 하는 성령의 능력이 그날 나에게 임하였습니다.

목은 쉬었고 온몸은 타버린 재처럼 되었습니다. 그러나 내가 죽으려고 했을 때에 오히려 살아났습니다. 새롭게 태어났습니다. 새로운 피조물이 된 것이었습니다. 이것은 선하고 긍휼이 많은 하나님의 은혜였습니다. 하나님은 나를 회개하게 하고 용서하고 의롭게 하였습니다. 또한 성령까지 선물로 주었습니다. 부끄럽고 자격 없는 나에게 베푼 사랑입니다.

나는 사십 년 동안 교회를 다니며 신앙 생활을 하였지만 거듭나지 못했습니다. 성령 세례라는 말은 들어보았지만 그것이 어떠한 힘이 있는지, 사람을 어떻게 변화시키는 지에 대해서는 알지 못했습니다. 경건하고 거룩한 삶은 살지 않고 교회만 왔다 갔다 하는 일요일 신자에 불과했습니다.

성령으로 세례를 받은 후 거듭나고 보니 과거의 나의 삶이 하나님 앞에 너무 부끄러웠습니다. 나는 하나님의 계명은 물론 세상 법 조차도 제대로 지키지 않았습니다. 이 악한 세대를 본받으며 살았습니다. 내가 하나님의 자녀임을 망각하였고 나의 몸이 주의 전인 줄을 몰랐습니다. 그러나 이제는 깨달았습니다. 나는 빚진 자입니다. 복음에 빚을 졌고 하나님의 은혜와 사랑에 빚진 자입니다. 이 빚을 갚기를 원합니다.

2008년 6월 20일부터 3일간 교회에서 부흥 집회가 있었습니다. 그 집회의 마지막 날인 2008년 6월 22일이 나의 생일입니다. 3일 간의 산고 끝에 새로운 내가 태어났습니다. 성령의 도움으로 순산하였습니다. 하나님이 주는 가장 귀한 선물인 성령을 받았습니다.

성령을 받기 한달 반 전인 2008년 5월 10일에 나는 응급실로 실려가 수술을 받게 되었습니다. 의사는 위험한 수술이 아니라고 했지만 심장의 어떤 부위를 잘라내야 한다는 것이었습니다. 결과가 어떻게 될지 모른다는 걱정이 되었습니다.

수술실로 들어가면서 기도했습니다. "지금 내가 죽으면 천국을 못

갈 것 같습니다. 하나님, 나에게 회개할 기회와 시간을 주십시오"라고 짧고 담담하게 기도하였습니다. 수술은 잘 마쳤고 이틀 후에 퇴원하였습니다. 하나님이 나의 기도를 듣고 수술을 무사히 마치게 해준 것으로 믿고 감사했습니다.

그 때부터 회개에 합당한 열매를 맺기 위하여 고민하기 시작했습니다. 단순한 마음속 뉘우침이 진정한 회개는 아닌 것 같았습니다. 우선 성경을 하루에 한 장 이상씩 읽기 시작했습니다. 요한복음과 로마서를 우선 읽었습니다. 수요 성경 공부시간에 참석하여 성경 공부를 시작하였습니다.

말씀이 깨달어 지기 시작했습니다. 주일 예배보다 성경 공부시간에 더 큰 은혜를 받았습니다. 진리의 말씀이 수술을 받은 심장에 꽂히는 듯했습니다. 전에는 이러한 감동이 없었습니다. 깨달음의 기쁨이 너무 커서 교회의 웹사이트에 글을 올렸습니다. 나는 글을 잘 쓰는 사람도 아니고 즐겨 쓰는 사람도 아닙니다. 또한 인터넷에는 글을 올려 본적도 없었습니다. 그러나 받은 감동이 너무 커 참을 수가 없었습니다.

성령 세례를 받기 전후로 약 2주 동안 열 두 개의 글을 올렸습니다. 나중에 돌이켜 보니 모든 글이 하나님이 주신 감동으로 쓰여진 것을 알게 되었습니다. 은혜는 나누면 커진다는 것을 그때 확인하였습니다. 그 글을 읽은 모든 성도들이 감동과 은혜가 크다며 중단하지 말라고 권하였습니다.

수술, 회개에 대한 고민, 성경 공부에서의 은혜, 은혜 나누기 라는 일련의 과정을 거친 후 마지막 순서가 성령 세례를 받은 것입니다. 내가 한 것은 아무 것도 없었습니다. 분명한 것은 회개할 때 성령을 받았다는 사실입니다.

회개도 하나님이 감동을 주었다는 것이 더욱 정확한 표현일 것입니다. 회개하도록 하나님이 도운 것입니다. 그러니 내가 한 것은 아무 것도 없는 것입니다. 이것을 나는 은혜라고 부릅니다.

하나님의 은혜는 참으로 측량할 길이 없습니다. 내가 노아의 시대에 살았다면 홍수 가운데서 죽었을 것이고, 소돔과 고모라에 있었다면 유황불 속에서 멸망했을 것입니다. 이러한 죽을 죄인을 살리고 성령까지 부어 주었으니 그 은혜가 너무 큰 것입니다.

부흥회 마지막 날 목사님이 안수하고 회중이 함께 손을 잡고 기도하였습니다. 몸이 흔들리며 온몸에 전류가 흐르는 듯한 것을 느꼈습니다. 나의 기도가 별안간 방언으로 바뀌었습니다. 방언하겠다고 생각하거나 의도하지도 않았습니다. 처음 듣는 외국어 소리 같았습니다. 너무도 빠르고 유창하게 나왔습니다. 참으로 신령한 경험이었습니다.

얼마나 시간이 흘렀는지 모르지만 기진하여 바닥에 누웠습니다. 몸과 마음이 너무 평안했습니다. 허리 디스크가 치료된 것을 느꼈습니다. 허리에 통증이 없어졌기 때문입니다. 하나님이 나의 영을 치료하며 육체도 함께 치료였습니다. 30년 고질병이 치료되는 기적을 베푼 하나님께 다시 감사의 기도를 하였습니다.

그날 후로 내 삶은 완전히 바뀌었습니다. 기도와 성경 외에는 아무 것도 관심이 없어 졌습니다. TV와 라디오, 신문과 세상 책도 모두 끊었습니다. 중독된 오페라와 클래식 음악도 멀어졌습니다. 입만 열면 예수 이야기 밖에 나오지 않았습니다.

처음 몇 개월은 가난한 자, 굶어 죽어가는 자들을 위하여 기도하며 매일 눈물이 그치지 않았습니다. 이 모든 것이 나의 의지나 감정이 아니라 성령이 인도하는 것이었습니다. 성령이 나의 마음을 통해서 슬픔을 나타낸 것 이라는 것을 깨달았습니다.

너 혼자는 못하지만 내가 성령을 부어 주어 너를 돕는다. 그러니 너는 세상과 구별되게 살라는 하나님의 음성이었습니다. 나는 아는 사람을 만날 때마다 성령 받은 체험을 간증하였습니다. 그리고 기도를 해 주었습니다.

특별한 기도라고 생각하지 않았지만 그들은 울었습니다. 성령이 감동을 준 것입니다. 그들은 대부분 한때 신앙 생활을 잘 했으나 교회를 떠나 있던 사람들입니다. 그런데 나의 간증을 듣고 다시 교회로 돌아갔습니다.

방언 찬양의 은사를 받았습니다. 성령 받은 다음 날 아침 깨자 마자 방언으로 찬양이 나왔습니다. 구하지 않았는데 하나님이 선물로 준 것입니다. 예언의 은사도 받았습니다. 그동안 많은 예언의 말씀이 나에게 주어졌고 필요에 따라 그대로 전하고 있습니다. 설교로 전하기도 하고 개인에게 직접 말과 글로 전하기도 합니다. 교회와 믿는 사람들에게 덕이 되고 유익이 되는 말씀들입니다.

나를 주의 종으로 불렀습니다. 내가 잘 들을 수 있도록 자상하게 몇 개월에 걸쳐 여러 차례 말씀하였습니다. 하나님은 내가 어떻게 쓰임을 받을 것이고 나를 어떻게 기름 부을지에 대하여 네 사람의 예언하는 주의 종을 통해 말씀하였습니다. 놀라운 것은 이 모든 예언의 말씀이 동일하거나 서로 밀접하게 관계가 있다는 것입니다. 주신 말씀이 틀리지 않다는 증거도 보여주었습니다.

　지금까지 300명이 넘는 영혼들을 나를 통하여 주를 영접하게 하였습니다. 하나님을 영화롭게 할 간증의 일들이 거의 매일 일어나고 있습니다. 너무 벅찹니다. 누구를 만나든지 정신없이 간증을 토해냅니다. 영혼 구원에 대한 열정은 날로 더해갑니다. 나의 움켜진 손을 펴면 그 안에는 예수밖에 없습니다. 나의 가슴을 열면 그 안에도 예수 밖에 없습니다. 입을 열면 예수이야기 밖에 안 나옵니다. 나는 예수에게 완전히 미쳐버렸습니다.

　나는 세상 사람들을 둘로 나눕니다. 남녀도 아니고, 어른과 아이도 아니고, 백인과 흑인도 아닙니다. 믿는 자와 믿지 않는 자, 즉 천국 가는 자와 지옥 가는 자입니다. 그리하여 믿지 않는 자는 무조건 불쌍합니다. 지옥의 영원한 유황불을 생각하면 어찌 불쌍하지 않겠습니까?

　그들이 나를 욕하던, 미워하던, 핍박하던 상관이 없습니다. 너무 불쌍합니다. 그들을 위하여 기도하지 않을 수 없고 전도하지 않을 수 없습니다. 나는 하나님의 형상대로 지어진 모든 인류가 한 사람도 빠짐없이 모두 구원받기를 기도합니다.

　나는 믿는 사람들도 둘로 나눕니다. 회개하고 거듭난 자와 그렇지 않은 자입니다. 즉 구원받을 자와 받지 못할 자입니다. 어떤 면에서 보면 믿지만 거듭나지 못한 자들은 아예 믿지 않는 자들 보다 더 불쌍하고 비참해 보입니다. 왜냐하면 그들은 구원받은 것으로 착각하고 있기 때문입니다.

이들이 죽고 난 후에 겪을 황당함을 생각해 본다면 참으로 안타까운 일입니다. 나는 그 누구에게도 구원받은 것을 인정하고 사실화시켜 말하는 것에 신중합니다. 교회 안이든 밖이든 믿음의 교제를 할 때 나의 주된 관심은 이들이 "바르게 믿고 회개한 삶을 살고 있는가"입니다. 대화 중에 그렇지 못함을 느낄 때에 나의 심령이 괴롭습니다.

지금 나의 삶은 절대 평강을 누리고 있습니다. 환경이나 상황이 나를 주관하지 못합니다. 왜냐하면 나는 포도나무인 예수님께 붙어있는 포도 가지이기 때문입니다. 나는 성령으로 거듭나고 주의 종으로 부름을 받은 후 중간에 몇 개 월을 제외하고 5년째 일정한 집이 없이 지냈습니다. 차 안에서 잠을 자기도 하였고 교회에서 기도하고 잠을 자는 것이 나의 전형적인 생활이었습니다. 주의 종으로 훈련을 받은 것이었습니다.

나는 재산도 없고 일정한 수입이 끊어진 지 오래지만 하나님의 은혜로 부유하게 삽니다. 굶지 않고 헐벗게 하지 않는 주를 찬양하며 삽니다. 내가 누리는 이 행복과 평강을 다른 모든 사람과 함께 나누기를 소원합니다. 이 땅에서 미리 천국을 누릴 수 있다는 것을 알려주기 원합니다. 이 모든 말씀으로 하나님께 영광을 돌립니다.

이상으로 성령으로 세례를 받은 사람의 간증을 모두 들었습니다. 이 사람의 간증에서 은혜를 받을 만한 몇 가지를 발견할 수 있습니다.

첫째, 하나님은 갈급한 심정으로 간구한 이 사람의 기도를 응답하였습니다. 이 사람은 심장 수술이 무사히 끝나기를 기도하였습니다.

회개할 기회와 시간을 달라고 기도하였습니다. 하나님은 그 기도를 응답하였고 이 사람은 회개하겠다는 약속을 지켰습니다.

둘째, 회개를 할 때에 성령을 받았습니다. 이 사람은 성령을 구하지도 않았습니다. 단지 회개의 기도를 간절히 하였더니 하나님이 성령을 부어 주었습니다. 성령을 받기 위하여 회개가 얼마나 중요한 것인지를 실제의 경험으로 보여준 것입니다.

셋째, 성령으로 세례 받는 장면을 잘 묘사하고 있습니다. 울면서 통렬한 회개를 하였습니다. 온 몸에 진동과 전류를 느끼고 한국어로 하던 기도가 외국어 같은 방언으로 바뀌었습니다. 육체의 고통과 질병도 사라졌습니다. 오순절에 성령을 받았던 사람들이 경험한 이상으로 성령 세례의 체험을 한 것이 잘 묘사되어 있습니다.

넷째, 성령을 받기 전과 받은 후의 모습이 극적으로 대비가 됩니다. 성령으로 거듭나는 것이 어떤 것인지를 잘 보여주고있습니다. 한순간에 크게 변하였습니다. 신령한 은사들을 받았습니다. 미지근한 믿음에서 뜨거운 믿음으로 변하였습니다.

다섯째, 복음 전하는 열정과 능력을 받았습니다. 이 사람은 성령을 받은 후에 만나는 사람마다 간증하고 복음을 전하였습니다. 간증을 들은 사람들이 믿음을 회복하는 일이 많았습니다. 선교를 가서 복음을 전할 때에 주께로 돌아오는 사람들이 많았습니다. 삼백 명이 연이어서 예수를 영접하는 기적이 일어났습니다.

이상으로 살펴본 것처럼 성령은 옛날의 사도들에게 부어진 것과 동일하게 현대에도 강한 능력으로 부어지고 있습니다. 이 사람이 성령을 받고 변하는 모습은 베드로나 바울이 성령을 받은 후에 변하는 모습을 연상하게 합니다. 사도행전 2장 38절과 41절을 보겠습니다.

> "베드로가 이르되 너희가 회개하여 각각 예수 그리스도의 이름으로 세례
> 를 받고 죄 사함을 받으라 그리하면 성령의 선물을 받으리니"(행 2:38).
> "그 말을 받은 사람들은 세례를 받으매 이 날에 신도의 수가 삼천이나 더
> 하더라"(행 2:41).

베드로는 성령을 받은 즉시 담대히 복음을 전파하는 자로 변하였
고 삼천 명이 그의 설교를 듣고 신도가 되었습니다. 사도행전 9장 20
절에서 22절까지를 보겠습니다.

> "즉시로 각 회당에서 예수가 하나님의 아들이심을 전파하니""듣는 사람
> 이 다 놀라 말하되 이 사람이 예루살렘에서 이 이름을 부르는 사람을 멸
> 하려던 자가 아니냐 여기 온 것도 그들을 결박하여 대제사장들에게 끌어
> 가고자 함이 아니냐 하더라""사울은 힘을 더 얻어 예수를 그리스도라 증
> 언하여 다메섹에 사는 유대인들을 당혹하게 하니라"(행 9:20-22).

바울은 다메섹에서 성령으로 세례를 받고 예수 믿는 자를 핍박하
던 사람에서 예수 그리스도의 복음을 전하는 자로 순식간에 변하였
습니다.

성령으로 세례를 받으면 개인마다 정도와 모양의 차이는 있겠지
만 사람이 한 순간에 크게 변화됩니다. 간증을 한 이 사람도 그렇게
되었고 베드로와 바울도 그렇게 되었습니다. 성령은 인간의 의지나

결심으로 되지 않는 것을 가능하게 합니다. 성령으로 세례를 받는 것은 초자연적인 현상이며 하나님이 행하는 기적입니다.

성경은 물과 성령으로 거듭나라고 말씀합니다. 본문 말씀 중 요한복음 3장 5절을 보겠습니다.

"예수께서 대답하시되 진실로 진실로 네게 이르노니 사람이 물과 성령으로 나지 아니하면 하나님의 나라에 들어갈 수 없느니라" (요 3:5).

이 말씀의 뜻은 물 세례를 받은 후에 거듭날 수 있고 성령 세례를 받고 거듭날 수도 있다는 것입니다. 이 간증을 한 사람은 성령으로 거듭난 것입니다. 성령으로 거듭나는 실제의 예를 잘 보여준 것입니다.

하나님은 이 사람에게 성령으로 세례를 베풀고 목사로 불렀습니다. 이 사람은 하나님의 부름에 순종하여 목사로 기름 부음을 받았습니다. 그런 후 목회를 하면서 성경을 가르치고 땅끝에서 복음을 전하기도 하였습니다. 지금도 이 사람은 성령 충만하여 하나님의 일에 헌신하고 있습니다.

성령을 받았다고 모두 주의 종으로 부름을 받는 것은 아닙니다. 성령을 받은 사람은 하나님이 주신 각기 다른 은사와 소명을 따라 하나님의 일을 하면 됩니다. 그러나 어떤 직분으로 섬기든지 거듭나서 거룩하게 삶이 변화되는 것이 중요합니다.

그리고 성령을 받으면 직분과 관계없이 복음을 전하는 열정과 능력이 강하게 부어집니다. 그러므로 본문 말씀인 사도행전 1장 8절은 성령이 임하면 땅 끝까지 복음을 전하라고 말씀하는 것입니다.

"오직 성령이 너희에게 임하시면 너희가 권능을 받고 예루살렘과 온 유대
와 사마리아와 땅 끝까지 이르러 내 증인이 되리라 하시니라"(행 1:8).

성령을 받은 사람은 이 두 가지를 주님 다시 올 때까지 성실하게
이루어 가야 합니다. 거룩하게 살며 복음 전하는 일에 힘써야 합니
다. 이것이 하나님께서 사람들에게 성령으로 세례를 베푸는 목적입
니다. 이것이 하나님이 성령으로 구원을 인치는 이유입니다.

여러분 모두 성령으로 세례를 받고 거듭나서 열심으로 전도하다
가 하나님의 나라에 들어 가게 되기를 성령을 부어 주는 예수 그리
스도의 이름으로 축복합니다.

3
방언의 능력

"오순절 날이 이미 이르매 그들이 다같이 한 곳에 모였더니" "홀연히 하늘로부터 급하고 강한 바람 같은 소리가 있어 그들이 앉은 온 집에 가득하며" "마치 불의 혀처럼 갈라지는 것들이 그들에게 보여 각 사람 위에 하나씩 임하여 있더니" "그들이 다 성령의 충만함을 받고 성령이 말하게 하심을 따라 다른 언어들로 말하기를 시작하니라" (사도행전 2:1-4).
"바울이 그들에게 안수하매 성령이 그들에게 임하시므로 방언도 하고 예언도 하니" (사도행전 19:6).

예수님이 승천하며 제자들에게 예루살렘을 떠나지 말라고 당부하였습니다. 그 이유는 성령을 부어 줄 것이었기 때문입니다. 그리하여 예수님을 따르던 사람들 중 120명의 신도가 예루살렘의 성전 솔로몬 행각에 모여 기도하였습니다.

그 때에 모두 성령을 받았습니다. 성령이 임한 날은 예수님이 승천한지 10일이 되던 날이고 부활한 후부터는 50일이 되던 날이었습니다. 그리하여 그 날을 오순절이라고 부릅니다. 오순은 오십을 의미합니다.

그 날은 최초로 성령이 만민에게 부어진 날이며 요엘서의 예언이 성취된 날입니다. 사도행전 2장 16절, 17절과 33절을 보겠습니다.

> "이는 곧 선지자 요엘을 통하여 말씀하신 것이니 일렀으되" "하나님이 말
> 씀하시기를 말세에 내가 내 영을 모든 육체에 부어 주리니 너희의 자녀들
> 은 예언할 것이요 너희의 젊은이들은 환상을 보고 너희의 늙은이들은 꿈
> 을 꾸리라"(행 2:16-17).
> "하나님이 오른손으로 예수를 높이시매 그가 약속하신 성령을 아버지께
> 받아서 너희가 보고 듣는 이것을 부어 주셨느니라"(행 2:33).

이 구절은 베드로가 오순절에 한 설교입니다. 성령을 받은 사람들
이 방언으로 말하는 등 성령 충만한 모습을 보였습니다. 그 장면을
목격한 사람들은 성령 받은 사람들을 술에 취한 것으로 오해하였습
니다.

또한 이스라엘 사람들이 외국 언어로 말하는 모습을 보며 의아해
하였습니다. 그러자 베드로가 일어나 성령 받은 일에 관하여 자세히
설명하였습니다. 그 내용의 핵심은 요엘서의 예언대로 예수님이 승
천하여 성령을 부어 주었다는 것입니다.

본문 말씀은 그 당시 성령이 부어지던 장면을 매우 사실적으로 묘
사하고 있습니다. 여기에서는 두 가지 초자연적인 현상이 일어났습
니다. 하나는 사람들 위에 불 같은 것이 임한 것입니다. 불이 붙은 듯
이 보였으나 타지는 않았습니다.

이러한 기적은 모세에게도 일어났던 적이 있습니다. 모세는 가시
나무에 불이 붙은 것을 보는 데 나무는 타지 않았습니다. 이와 같

은 기적이 성령을 최초로 받는 사람들에게도 일어났습니다. 아마도 성령의 불을 뜨겁게 부어 주는 의미로 그러한 현상을 하나님이 보여 준 것으로 여겨집니다.

다른 한 가지 초자연적인 현상은 방언을 다른 나라의 언어로 말한 것입니다. 이들은 외국어를 알지 못하는 사람들이었습니다. 초자연적인 능력을 받아 외국어로 방언을 말한 것입니다. 그리하여 외국의 여러 나라에서 방문 온 사람들이 자신의 나라 언어로 말하는 이스라엘 사람들을 보고 놀랐습니다.

이상으로 오순절에 성령이 임하게 된 배경과 성령이 임할 때의 현상에 대하여 간략히 살펴보았습니다. 성령으로 세례를 받으면 하나님이 인간들을 회개하고 거듭나게 하며 더불어 신령한 은사들을 줍니다.

지금부터는 성령을 받을 때에 함께 받는 은사들 중에 하나인 방언의 은사에 대하여 자세히 살펴보겠습니다. 방언의 은사에 대하여 잘못 알고 가르치거나 배우는 사람들이 상당히 많습니다. 이번 기회에 바르게 깨닫게 되는 은혜가 있기를 주님의 이름으로 축복합니다.

우선 방언의 의미에 대하여 살펴보겠습니다. 방언의 사전적 의미는 국가의 표준어가 아닌 모든 언어입니다. 한국은 서울 말이 표준어이므로 모든 지방 사투리가 방언입니다. 여러 민족이 섞여 사는 국가에서는 각 민족의 토속언어도 방언입니다. 또한 성경은 외국어도 방언이라고 표현을 합니다. 성령의 은사로서 말하게 되는 언어도 방언이라고 합니다.

다시 정리를 하면 한글로 방언은 세 가지의 의미를 갖고 있습니다.

첫째, 표준어가 아닌 지방 언어. 둘째, 외국어. 셋째, 성령의 은사로 말하는 언어입니다. 한글로 방언은 이처럼 세 가지의 의미를 가지므로 방언의 은사를 바르게 이해하는 데 다소 혼란이 있습니다.

그러나 방언의 의미를 영어 단어로 풀어보면 이해하기 쉽습니다. 왜냐하면 영어는 이 세 가지의 의미를 전혀 다른 단어로 표현하기 때문입니다.

첫째, 지방 언어나 토속 언어는 영어로 "Dialect" (다이얼렉트) 라는 단어를 사용합니다.

둘째, 외국어는 "Foreign Language" (포른 랭귀지)라고 합니다.

셋째, 성령의 은사로 말하는 방언은 "Tongues" (텅스)라는 단어로 표기합니다.

한글로는 모두 방언이라는 같은 단어로 표기를 하지만 영어로 보면 확연히 다른 단어로 표기되는 것을 볼 수 있습니다. 이러한 방언의 세 가지 다른 의미에 대한 이해를 바탕으로 성령의 은사인 방언에 대하여 상세히 살펴보겠습니다.

성령을 받을 때에 함께 오는 가장 기본적인 두 가지 은사가 있습니다. 그것은 방언과 예언의 은사입니다. 본문 말씀 중 사도행전 19장 6절을 보겠습니다.

"바울이 그들에게 안수하매 성령이 그들에게 임하시므로 방언도 하고 예언도 하니" (사도행전 19:6).

이 구절은 성령을 받을 때에 방언과 예언의 은사를 받는 것을 보여쭙니다. 또한 오순절에 성령을 받은 사람들이 방언의 은사를 받는 것은 이미 살펴보았습니다. 성령의 은사는 하나님이 선물로 주는 것입니다. 그러므로 어떤 사람은 구하여도 받지 못하고 어떤 사람은 구하지 않아도 받습니다.

성령의 은사는 여러 가지가 있지만 그 중에서 자신의 유익을 위한 은사는 한 가지 밖에 없습니다. 그 외의 다른 모든 은사는 남을 유익하게 하는 것입니다. 자신의 유익을 위한 유일한 은사가 바로 방언의 은사입니다. 고린도전서 14장 4절을 보겠습니다.

> "방언을 말하는 자는 자기의 덕을 세우고 예언하는 자는 교회의 덕을 세우나니" (고전 14:4).

방언을 말하는 자는 자기의 덕을 세운다는 표현이 바로 자신을 유익하게 한다는 의미입니다. 방언으로는 남을 유익하게 하지 못합니다. 방언은 하나님과 은밀하게 대화를 할 수 있고, 성령 안에서 기도할 수 있고, 장시간 기도할 수 있는 수단으로써 자신에게 유익한 것입니다. 고린도전서 14장 2절을 보겠습니다.

> "방언을 말하는 자는 사람에게 하지 아니하고 하나님께 하나니 이는 알아듣는 자가 없고 영으로 비밀을 말함이라" (고전 14:2).

이 구절에서 "알아듣는 자가 없고 영으로 비밀을 말함"은 사탄도 알아듣지 못한다는 의미가 있습니다. 그리고 여럿이 모인 자리에서 소리 내어 기도를 하여도 다른 사람은 알아듣지를 못한다는 것입니다. 이것도 방언의 유익 중에 하나입니다.

이처럼 방언의 은사는 자신의 믿음 생활에 매우 유익한 것이므로 방언의 은사를 받은 사람은 방언으로 오래 기도할 것을 당부합니다. 방언으로 기도를 할 때에 기도의 능력과 영적인 능력이 증대되고 성령 안에서 기도를 하는 것이므로 참으로 유익합니다.

이상으로 살펴본 것처럼 방언은 하나님이 주는 귀한 선물이며 신령한 은사 중에 하나입니다. 그러니 방언의 은사는 구하여 받을 만한 것이고 이미 받은 사람은 그 은사를 많이 사용하는 것이 마땅합니다.

지금부터는 방언에 대하여 일반적으로 잘 못 이해하고 있는 몇 가지 사항을 설명하겠습니다.

첫째, 방언은 외국어야 한다는 주장입니다. 이렇게 주장하는 배경은 오순절에 성령을 받은 사람들이 외국어로 방언을 한 사실 때문입니다. 사도행전 2장 7절에서 11절까지를 보겠습니다.

"다 놀라 신기하게 여겨 이르되 보라 이 말하는 사람들이 다 갈릴리 사람이 아니냐" "우리가 우리 각 사람이 난 곳 방언으로 듣게 되는 것이 어찌 됨이냐" "우리는 바대인과 메대인과 엘람인과 또 메소보다미아, 유대와 갑바도기아, 본도와 아시아" "브루기아와 밤빌리아, 애굽과 및 구레네에 가까운 리비야 여러 지방에 사는 사람들과 로마로부터 온 나그네 곧 유대인과 유대교에 들어온 사람들과" "그레데인과 아라비아인들이라 우리가 다 우리의 각 언어로 하나님의 큰 일을 말함을 듣는도다 하고" (행 2:7-11).

이 구절은 이스라엘 사람들이 여러 나라의 언어로 말하는 것을 보고 외국인들이 놀라는 장면입니다. 이처럼 오순절에 모인 사람들이 받은 방언이 외국어였던 것은 사실입니다. 그것은 문법적으로도 정확하고 완벽한 외국어였을 수도 있고 어휘나 문법이 다소 불완전한 것이었을 수도 있습니다.

어찌되었던 그 때에 사람들이 외국어로 방언을 말한 것은 사실이므로 지금도 방언은 외국어야 한다고 주장을 하는 것이 논리적으로 틀리지는 않습니다. 그럼에도 불구하고 현대에 믿는 자들의 방언은 외국어가 아니므로 진정한 방언이 아니라고 주장하는 것은 바르지 않습니다.

왜냐하면 세상에는 약 7천 종류의 언어가 있고 현재 방언을 말하는 사람이 틀렸는지 여부를 판단하려면 7천 종류의 언어를 모두 알아야 한다는 전제 하에서만 가능하기 때문입니다. 아무리 유능한 언어학자일지라도 수천 가지 세상의 언어를 모두 알 수는 없을 것입니다. 그러므로 방언은 외국어야 한다는 가정이 맞다고 할 지라도 지금 사람들이 말하는 방언이 외국어인지 여부를 판단하는 것은 불가능합니다.

어떤 사람은 자신의 어머니가 영어를 배운 적도 없고 알지도 못하는데 방언기도를 영어로 한다고 합니다. 어떤 유대인은 한국어 방언을 받았다는 말을 간접으로 전해 들은 적도 있습니다. 즉 방언은 외국어일 수도 있습니다. 여러분이 성령의 은사로 받은 방언이 오지에 사는 어느 작은 부족만 쓰고 있는 언어일 가능성도 있습니다. 그러나 외국어가 아닐 수도 있습니다.

오순절에 성령을 받은 사람들이 외국어로 방언을 말한 것은 믿지 않는 자들을 믿게 하려는 목적이 있었기 때문입니다. 고린도전서 14장 22절을 보겠습니다.

> "그러므로 방언은 믿는 자들을 위하지 아니하고 믿지 아니하는 자들을 위하는 표적이나 예언은 믿지 아니하는 자들을 위하지 않고 믿는 자들을 위함이니라" (고전 14:22).

이 구절은 방언이 믿지 않는 사람들을 믿게 하는 표적이라고 말씀합니다. 그러므로 다른 수많은 언어가 있음에도 특별히 그 곳에 모여 구경하던 사람들의 나라의 언어로 방언을 하게 한 것입니다.

방언은 영어로 "Tongues"(텅스) 라고 하는데 "Tongue"(텅)이라는 단어의 뜻은 "혀"입니다. 즉 방언은 하나님이 인간의 혀를 임의로 주관하여 말하게 하는 것이라는 의미가 있습니다. 성령이 인도하는 대로 혀를 움직여 말하는 것이 방언입니다. 그렇다면 성령이 외국어를 말하도록 혀를 움직이게 할 수도 있고 지구에 존재하지 않는 전혀 다른 말을 하도록 혀를 움직이게 할 수도 있을 것입니다.

이상으로 살펴본 것처럼 방언은 외국어야 하므로 현대의 방언이 틀렸다는 주장은 증명을 할 수 없는 억지 주장이며 틀린 것이라는 것을 논리적이며 성경적으로 설명을 하였습니다.

둘째, 방언을 연습해서 받을 수 있다는 가르침은 틀린 것입니다. 방언을 연습으로 받을 수 있다면 분명히 성경은 방언을 열심히 연습하라고 가르쳤을 것입니다. 그러나 성경은 어디에도 방언은 하나님이 일방적으로 주는 것을 보여줍니다. 그러므로 할렐루야를 계속하여 말하는 연습을 하거나 어떤 특정한 짧은 주문 같은 것을 반복적으로 말하여서 방언을 받게 하려는 것은 틀린 가르침입니다.

그럼에도 불구하고 방언을 열심히 연습을 하다가 방언의 은사를 받았다고 말하는 사람들이 종종 있기는 합니다. 그러나 그 사람들이 방언의 은사를 받게 되었다면 연습을 많이 하여서 방언을 말하게 된 것이 아닙니다. 그들이 방언 받기를 사모하여 열심으로 연습하는 것을 보고 하나님께서 그 마음을 갸륵하게 여기어 방언의 은사를 준 것입니다.

그러니 이러한 과정을 거쳐서 방언을 받은 사람들은 다른 사람에게 할렐루야를 계속 연습하여 방언을 받게 되었다고 말하기 보다는 간절히 방언의 은사 받기를 사모하였더니 받았다고 말하는 편이 더 나은 것입니다.

그러나 이러한 방식으로 방언을 받는 사람은 많지 않습니다. 이러한 과정을 거쳐 방언을 받았다고 말하는 사람들 중에는 방언을 받지 않았음에도 받은 것으로 잘못 이해하는 사람들이 대부분입니다. 짧고 단순한 말을 반복적으로 말하는 사람들이 이에 해당합니다. 이들은 방언의 은사를 받은 것이 아닙니다.

내가 방언을 받은 경험을 잠시 나누겠습니다. 내가 방언을 받은 것은 오래 전 교회의 부흥회 마지막 날에 방언 받기를 기도할 때였습니다. 부흥강사는 그 때에 옆에 있는 사람들과 손을 잡게 하고 방언 받기를 구하는 기도를 인도하였습니다. 그 때에 나는 성령을 받았고 방언도 함께 받았습니다.

조금 더 자세히 그 당시를 설명하면 나는 분명히 소리 내어 간절히 한국어로 기도를 하고 있었습니다. 그런데 기도가 갑자기 방언으로 바뀌어 터져 나오기 시작하였습니다. 초자연적으로 언어가 바뀐 것입니다.

방언으로 말할 때에 매우 유창한 외국어 같다는 느낌이 들었습니다. 참으로 신기한 일이라고 생각하였습니다. 머리 위에 불 같은 것이 임한 것을 제외하고는 오순절에 성령을 받은 사람들과 동일한 체험을 한 것입니다.

나는 그 때에 방언으로 말하려고 노력하지 않았습니다. 부흥강사의 인도로 방언을 구하는 기도는 하였지만 부흥회 삼일 동안 특별히 성령을 구하지도 않았습니다. 방언의 은사를 사모하거나 구하지도 않았습니다. 하나님이 선물로 준 것입니다.

이 같은 나의 체험도 방언은 연습하여 받는 것이 아니라는 것을 보여줍니다. 또한 많은 사람들이 나와 유사한 모양으로 성령과 방언을 받았습니다. 그러니 방언을 연습하지 말고 연습하도록 가르치는 장소도 피하는 것이 지혜로운 것입니다.

셋째, 여러 사람이 모인 곳에서는 통역하는 사람이 없으면 방언을 말하지 않아야 한다는 말씀의 의미를 설명하겠습니다. 고린도전서 14장 27절, 28절을 보겠습니다.

"만일 누가 방언으로 말하거든 두 사람이나 많아야 세 사람이 차례를 따라 하고 한 사람이 통역할 것이요" "만일 통역하는 자가 없으면 교회에서는 잠잠하고 자기와 하나님께 말할 것이요" (고전 14:27-28).

이 말씀은 공개적으로 기도를 할 때에 해당하는 말씀입니다. 즉 대표기도를 할 때에는 사람들이 알아듣지 못하므로 통역하는 사람이 없으면 방언으로 말을 하지 않아야 한다는 의미입니다.

나는 미국의 한 교회에서 이러한 일을 목격한 적이 있습니다. 예배 중에 어떤 한 사람이 회중 가운데 일어나 자신이 방언으로 말을 하라는 성령의 감동을 받았다며 통역할 사람이 있느냐고 물었습니다. 그러자 어떤 한 사람이 손을 들고 일어나 자신이 통역을 하겠다고 하였습니다.

그 사람은 방언으로 말을 하였고 다른 한 사람은 그 방언을 통역하였습니다. 이 교회는 미국 뉴욕에 있는 브루클린 태버내클 처치(Brooklyn Tabernacle Church)입니다. 이 교회는 성경의 가르침대로 교회 안에서 공개적으로 방언을 말하고 통역한 것입니다.

이와 같이 통역자를 세워 방언으로 말할 때는 오직 회중을 대표하여 기도를 할 경우에 해당하는 것입니다. 예배 중일지라도 회중들이 함께 기도를 하거나 각자 개인 기도를 할 때에는 교회 안에서 소리 내어 방언으로 기도를 하여도 됩니다. 이렇게 하는 것은 자기와 하나님께 말하는 것이므로 금지하지 않아야 합니다.

넷째, 듣기 이상하거나 느낌이 좋지 않은 소리로 방언처럼 말하는 것도 하나님이 준 방언이 맞는 지에 대하여 설명을 하겠습니다.

우선 듣기 이상하거나 느낌이 좋지 않은 소리는 하나님이 준 방언이 아닌 것이 분명합니다. 이러한 소리에 대한 느낌을 판단하는 것은 주관적이므로 개인 별로 차이가 있을 수 있지만 이것은 마치 노래를 잘 하는지 못하는 지를 판단하는 것처럼 비교적 쉽게 객관적으로 판단할 수 있습니다.

즉 그 소리가 이상하면 이상한 것으로 판단하면 맞습니다. 나는 이러한 것을 듣고 분별을 한 경험이 많이 있습니다. 이상한 소리나 느낌이 좋지 않은 억양으로 말하는 사람은 영적인 상태도 이상한 것이 사실입니다.

다섯째, 랄랄랄라를 반복적으로 말하는 것도 하나님이 준 방언이 맞는 지에 대하여 설명하겠습니다. 랄랄랄라와 같은 짧고 단순한 언어를 반복하여 말하는 것이 방언을 말하는 것인지에 대하여는 서로 다른 두 가지 의견이 있습니다. 하나는 방언이라는 것이고 다른 하나는 방언이 아니라는 것입니다.

그러나 이것이 방언인지 아닌지는 논리적으로 설명이 가능합니다. 이렇게 짧고 단순한 발음은 누구든지 할 수 있는 것입니다. 연습조차도 필요하지 않습니다. 그러므로 이것은 방언이 아닙니다.

그러나 이러한 단순하고 짧은 말을 반복하다가 실제로 방언으로 발전하는 경우는 있습니다. 어떤 사람은 성령을 받을 때에 랄랄랄라와 비슷한 언어를 반복적으로 말하였는데 얼마 지난 후에 어휘가 다양해지면서 외국어 같이 듣기 좋은 방언으로 바뀌었다고 합니다.

그러므로 짧고 단순한 언어를 반복적으로 말하는 것을 방언으로 알고 하는 사람들은 하나님께 그것이 방언인지를 물어보십시오. 그것이 방언이 아니라는 감동이 오면 다시 구하여 받을 것을 권면합니다.

여섯째, 방언을 부정적인 의미로 잘 못 해석하는 성경 구절 몇 곳을 설명하겠습니다. 고린도전서 14장 6절과 19절을 보겠습니다.

"그런즉 형제들아 내가 너희에게 나아가서 방언으로 말하고 계시나 지식이나 예언이나 가르치는 것으로 말하지 아니하면 너희에게 무엇이 유익하리요"(고전 14:6).

"그러나 교회에서 네가 남을 가르치기 위하여 깨달은 마음으로 다섯 마디 말을 하는 것이 일만 마디 방언으로 말하는 것보다 나으니라"(고전 14:19).

이 두 구절은 사람들에게 말을 할 때에 방언으로 말하지 말라는 것입니다. 이미 살펴본 대로 방언은 듣는 자가 이해를 할 수 없습니다. 방언으로 말하면 아무리 많은 말을 하여도 알아듣지 못하니 일반 언어로 대화를 하라는 의미입니다. 그렇다면 당연한 것 같은 이러한 말씀을 왜 성경이 가르치는 것일까요?

그 이유는 방언의 은사를 받으면 절제하지 못할 정도로 방언을 많이 말하는 일이 있기 때문입니다. 성령과 함께 방언의 은사를 받으면 방언으로 기도하는 시간이 엄청나게 늘어납니다. 즉 길을 다니면서도 방언이 나오고 일을 하면서도 방언이 나오고 샤워를 하면서도 방언이 터져 나오는 경험을 하게 됩니다.

이러한 현상을 절제를 못하면 사람들 앞에서도 방언으로 말을 하는 일이 벌어지기 때문에 성경이 특별히 이러한 것을 자제하라고 가르치는 것입니다. 방언 자체를 부정적인 것으로 말씀한 것이 아닙니다.

다음은 고린도전서 14장 14절을 보겠습니다.

"내가 만일 방언으로 기도하면 나의 영이 기도하거니와 나의 마음은 열매
를 맺지 못하리라" (고전 14:14).

이 구절에서 나의 마음이 열매를 맺지 못한다는 의미는 내가 이해
를 하지 못한다는 단순한 의미입니다. 거기에는 부정적인 의미가 없
습니다. 그리고 나는 이해를 못하여도 하나님은 이해를 하므로 상관
없는 것입니다.

일곱째, 방언으로 오래 기도하면 좋은 것인가에 대한 질문을 답하
겠습니다. 방언으로 기도하는 생활을 오랫동안 하다 보면 의미도 모
르는 말로 이렇게 오랜 시간 기도하는 것이 그렇게 유익한 것일까 라
는 의구심이 들 때도 있습니다. 나도 그러한 경험이 있었습니다.

그러나 그러한 의구심을 조금도 가지지 말고 방언으로 많이 기도
하십시오. 매우 유익한 것입니다. 영성이 크게 성장합니다. 그러므로
사도 바울은 자신이 방언을 많이 말함으로 하나님께 감사한다고 고
백하였습니다. 고린도전서 14장 18절을 보겠습니다.

"내가 너희 모든 사람보다 방언을 더 말하므로 하나님께 감사하노라" (고
전 14:18).

여덟째, 성령 받는 것과 방언의 은사를 받는 것의 관계에 대하여
설명하겠습니다. 성경이 보여주는 것도 그렇고, 나의 경험도 그렇고,
주위의 사람들을 보아도 공통적으로 성령을 받을 때에 방언을 동시
에 받습니다. 그러나 성령은 받았는데 방언은 받지 못했다고 말하는

사람들도 있습니다.

이러한 사람들은 둘 중에 하나의 경우에 해당합니다. 첫째, 성령을 받지 않은 것인데 성령을 받은 것으로 잘못 알고 있는 것입니다. 실제로 이러한 사람들이 상당히 많습니다. 이들이 잘못 알고 있는 가장 큰 이유 중에 하나는 교회에서 성령 받는 것에 대하여 잘못 가르쳤기 때문입니다.

다른 한 가지 이유는 자신이 속한 교회가 방언을 금하거나, 스스로 방언 받기를 원하지 않거나, 부정적으로 여기면 성령을 받을 때에 인격적인 하나님이 방언을 주지 않을 수도 있습니다. 또한 받고도 사용하지 않음으로써 소멸될 수 있습니다.

성령은 받았는데 방언을 받지 못했다고 여기는 사람들은 이 두 가지 경우 중에 어디에 해당하는 지를 각자가 스스로 조명해보기 바랍니다.

이상으로 방언의 의미와 방언과 관련한 여러가지 궁금증에 대하여 살펴보았습니다. 그 내용을 다시 간략히 요약하면 방언은 성령의 은사로서 자신에게 유익하므로 구하여 받으십시오. 이미 받은 사람들은 가능한 많이 방언으로 기도하십시오

그리고 방언은 하나님이 주는 기적의 선물이지 연습하여 얻는 것이 아닙니다. 이상한 소리나 단순한 주문 같은 말을 반복하는 것은 방언이 아닙니다. 이러한 것을 방언으로 알고 말하는 사람은 하나님께 다시 구하여 받으십시오.

그리고 자신은 성령을 받은 것으로 알고 있는데 방언을 하지 못한다면 성령을 받지 않았을 가능성을 염두해야 합니다. 이러한 것은 하

나님께 물음으로 답을 얻을 수 있습니다.

여러분 모두 방언을 구하여 받고 방언으로 많이 기도하여 하나님이 주는 신령한 복을 누리기를 우리 주 예수 그리스도의 이름으로 축복합니다.

영혼을 살리는 설교 2

II
성령의 인도함

4

성령이 모든 것을 가르치며

"너희는 주께 받은 바 기름 부음이 너희 안에 거하나니 아무도
너희를 가르칠 필요가 없고 오직 그의 기름 부음이 모든 것을 너
희에게 가르치며 또 참되고 거짓이 없으니 너희를 가르치신 그
대로 주 안에 거하라"(요한일서 2:27).

고대의 일반인들은 성경을 소유할 수 없었습니다. 가죽으로 된 두
루마리에 기록된 성경은 그 값이 너무 비쌌기 때문입니다. 그러므로
예수님의 시대에도 회당에 보관된 성경을 공동으로 사용하였으며 바
리새인이나 서기관들과 같은 부유한 종교 지도자들만 성경을 소유
할 수 있었습니다.

사도 바울은 하나님의 말씀에 정통한 자로서 로마 시민권을 보유
한 바리새인이라는 배경을 미루어 보면 성경을 보유했을 것으로 짐
작이 됩니다. 그렇다면 바울의 제자인 젊은 목사 디모데는 성경을 보
유했을까요? 디모데전서 4장 13절을 보겠습니다.

"누구든지 네 연소함을 업신여기지 못하게 하고 오직 말과 행실과 사랑과
믿음과 정절에 있어서 믿는 자에게 본이 되어""내가 이를 때까지 읽는 것

과 권하는 것과 가르치는 것에 전념하라" (딤전 4:13).

이 구절은 바울이 디모데에게 목회하는 법을 가르친 내용 중의 일부입니다. 젊은 디모데에게 나이가 연소한 것에 위축되지 말고 지도자로서 모든 행실에 본이 되라고 합니다. 그리고 읽는 것과 권하는 것과 가르치는 것에 전념하라고 합니다.

이 말씀 중에 "읽는 것"이라는 표현에 대하여 조금 더 상세히 살펴보겠습니다. 이 말씀은 성경을 읽는 것인데 디모데가 혼자서 성경을 읽는 의미가 아닙니다. 사람들에게 성경을 읽어준다는 의미입니다. NIV 영어 성경에도 "The public reading of Scripture"로 표현 되어있습니다. 직역하면 "회중들에게 성경을 읽어준다"는 의미입니다.

디모데가 회중 앞에서 성경을 읽어 준 것으로 미루어 보건대 디모데는 목사로서 성경을 소유하고 있었던 것으로 여겨집니다. 아마도 교인들이 힘을 모아 성경을 구입하였든지 아니면 바울이 자신의 것을 물려주었는지도 모르겠습니다. 아무튼 디모데는 목사로서 성경을 가지고 있었으며 목사라면 당연히 성경을 소유해야 할 것입니다.

또한 이 말씀은 그 당시의 가장 중요한 목회자의 사역 중에 하나가 교인들에게 성경을 읽어주는 일이라는 것을 보여줍니다. 바울이 디모데 목사에게 당부한 세 가지는 첫째, 교인들에게 성경을 읽어 주는 것이고 둘째는 권하는 것인데 권한다는 것은 설교를 의미합니다. 셋째는 가르치는 것, 즉 성경공부를 하는 것입니다. 이 세 가지가 목사가 가장 집중해야 하는 사역입니다.

이 세 가지의 사역 중에 가장 먼저 언급한 것이 설교나 성경을 가르치는 일이 아니라 성경을 읽어 주는 것이라는 사실을 주목할 필요가 있습니다. 이 말씀을 현대의 교인들에게 적용하면 목사에게 설교를 듣거나 성경을 배우는 것보다 우선되는 믿음 생활이 교인들 스스로 성경을 읽는 일입니다.

고대에는 성경이 비싸고 또한 자국어로 된 성경이 없으므로 성경을 읽고 싶어도 읽기가 어려웠습니다. 유럽도 오랫동안 로만 가톨릭에서 라틴어로만 성경을 만들었기 때문에 그 외의 언어를 사용하는 사람들은 성경을 읽을 수 없었습니다.

성경이 세계적으로 대중화되기 시작한 것은 성경이 영어로 번역된 약 500년 전입니다. 그 후 영국이 오랫동안 세계를 제패하면서 영어 성경은 전세계로 빠르게 퍼져 나갔습니다. 한글로 성경이 나온 것은 130년 전입니다. 현대는 인쇄기계의 발달로 한국은 물론 전세계의 대부분의 사람들이 값싸게 성경을 구하여 읽을 수 있게 되었습니다.

현대인들이 받은 가장 큰 복 중에 하나는 누구든지 성경을 소유할 수 있다는 것입니다. 성경을 소유할 자유가 있으며 가격도 매우 저렴합니다. 한국 사람은 한 시간의 노동비로 성경 한 권을 구입할 수 있습니다. 원하면 무료로 받을 수도 있습니다. 예루살렘의 한 책방에서는 여러 국가의 언어로 된 성경을 전도의 목적으로 사용하는 사람에게 무료로 줍니다.

고대에는 단순히 성경 읽어 주는 것을 듣기 위하여 회당에 갔고 광장에 모였습니다. 성경 말씀을 알고 싶고 듣고 싶으면 성경을 소유한 사람을 찾아가야 했습니다. 성경을 보유할 수 없던 대부분의 사람들은 이렇게 믿음 생활을 하였습니다. 그러나 이제는 그렇게 할 필요가 없습니다. 집에서 자신의 성경을 읽을 수 있습니다.

이처럼 성경을 혼자서 읽을 수 있다는 사실은 신앙 생활의 편의성과 관련한 큰 복입니다. 그러나 성경을 혼자서 읽을 수 있다는 사실은 이러한 편의성 외에 또 다른 큰 복의 의미가 있습니다. 그 복은 하나님의 말씀의 능력에 관한 것입니다.

하나님은 말씀으로 천지를 창조하였고 말씀으로 만물을 붙들고 있습니다. 하나님의 말씀은 영과 혼과 관절과 골수를 찔러 쪼개기까지 합니다. 이러한 하나님의 말씀의 능력을 혼자서 성경을 읽기만 하여도 경험할 수 있습니다. 이것이 큰 복입니다.

느헤미야 8장 2절, 3절과 9절을 보겠습니다.

"일곱째 달 초하루에 제사장 에스라가 율법책을 가지고 회중 앞 곧 남자나 여자나 알아들을 만한 모든 사람 앞에 이르러" "수문 앞 광장에서 새벽부터 정오까지 남자나 여자나 알아들을 만한 모든 사람 앞에서 읽으매 뭇 백성이 그 율법책에 귀를 기울였는데" (느 8:2-3).

"백성이 율법의 말씀을 듣고 다 우는지라 총독 느헤미야와 제사장 겸 학사 에스라와 백성을 가르치는 레위 사람들이 모든 백성에게 이르기를 오늘은 너희 하나님 여호와의 성일이니 슬퍼하지 말며 울지 말라 하고" (느 8:9).

수문 앞 광장에서 에스라가 성경을 읽어주자 온 이스라엘이 감동을 받아 울었습니다. 그들은 새벽부터 정오까지 여섯 시간 동안이나 서서 성경 읽어 주는 것을 들었습니다. 그 때에 에스라는 설교를 하지 않았습니다. 특별한 교훈의 메시지를 전하지도 않았습니다. 어떤 감동을 줄 만한 다른 말을 하지도 않았습니다.

에스라는 그냥 성경을 봉독하고 레위인들이 그 뜻을 해석을 한 것이 전부였습니다. 그럼에도 불구하고 온 이스라엘 회중이 울었습니다. 이것이 하나님의 말씀의 능력입니다. 성경 말씀은 듣기만 하여도, 읽기만 하여도 사람들의 영혼을 만지고, 고치고, 회개하게 합니다. 영혼을 소생시킵니다.

히브리서 4장 12절을 보겠습니다.

"하나님의 말씀은 살아 있고 활력이 있어 좌우에 날선 어떤 검보다도 예리하여 혼과 영과 및 관절과 골수를 찔러 쪼개기까지 하며 또 마음의 생각과 뜻을 판단하나니"(히 4:12).

여러분은 이러한 하나님의 능력의 말씀을 언제든지 보고 읽을 수 있는 세대에 살고 있습니다. 여러분은 이러한 사실을 복이라고 여기며 믿음 생활을 합니까? 나는 오랜 전부터 복이라고 여기며 살고 있습니다. 나는 성경을 읽을 수 없었다면 망했겠다는 생각을 여러 번 하였습니다.

실제로 고대의 사람들은 성경을 읽을 수 없어 거짓 교사에게 많이 속았습니다. 그 당시의 대표적인 거짓 교사들이 예수님의 시대에는 바리새인과 장로들이었고 중세에는 로만 가톨릭이었습니다. 현대에는 교회 안의 목사들이 거짓 교사 노릇을 하고 있습니다.

성경을 읽을 수 있음에도 많은 교인들이 목사의 틀린 가르침에 속는 것은 참으로 안타까운 일이며 한편으로는 불가사의한 일입니다. 이러한 불가사의한 일이 가능한이유는 교인들이 성경을 읽지 않기 때문입니다.

본문 말씀은 여러분이 성경을 배우기 위하여 특별히 교사가 필요 없다고 말씀합니다. 본문 말씀인 요한일서 2장 27절 말씀을 다시 보겠습니다.

> "너희는 주께 받은 바 기름 부음이 너희 안에 거하나니 아무도 너희를 가르칠 필요가 없고 오직 그의 기름 부음이 모든 것을 너희에게 가르치며 또 참되고 거짓이 없으니 너희를 가르치신 그대로 주 안에 거하라" (요일 2:27).

이 구절은 성경 교사가 절대로 필요 없다는 의미이기 보다는 혼자 학습을 하여도 성령의 도움으로 진리를 알 수 있다는 의미입니다. 즉 누구에게 배우든 혼자 공부를 하든 궁극적으로 성경을 깨닫게 하는 분은 성령이라는 의미로 한 말씀입니다.

예수님이 오기 전에는 사람들이 성경을 소유하기도 어려웠고 성령도 임하지 않으므로 진리를 알고 믿음 생활을 하기가 지금 보다 어려웠습니다. 그러나 현대는 성경도 있고 성령도 부어지고 있습니다. 그러니 믿음 생활을 하기가 쉬워진 것입니다.

이제 여러분은 성경 말씀의 감동을 받기 위하여 광장에 여섯 시간 서있지 않아도 됩니다. 성경을 읽어 주는 에스라나 디모데 같은 교사가 꼭 필요한 것도 아닙니다. 왜냐하면 여러분 스스로 성경을 읽을 수 있기 때문입니다.

그러므로 본문 말씀은 성경 교사가 굳이 필요하지 않다고 말씀합니다. 본문 말씀은 예언적인 면이 있습니다. 왜냐하면 현대의 교회 안에 거짓 가르침이 너무 횡행하기 때문입니다. 말세에 목사들의 잘못된 가르침이 너무 많을 것을 미리 알고 교사가 필요 없다고 예언한 것입니다. 거짓 목사에게 속지 않도록 성령의 기름 부음을 의지하라는 것입니다. 온전한 믿음 생활을 위하여는 성경과 성령만 의지하라는 것입니다.

많은 크리스천들이 종교 생활을 하고 있습니다. 기독교라는 종교의 예식에 집중하며 믿음 생활을 하고 있다는 것입니다. 이들은 일주일에 한두 번 교회의 예배에 참석하는 것을 믿음 생활의 핵심으로 여기며 살아갑니다. 이들은 교회라는 단체에 소속되어 있는 자체를 믿음 생활의 본질인 것으로 여기는 경향이 있습니다.

이들은 예배에 참석하며 봉사도 합니다. 헌금도 합니다. 교우 간의 교제에 열심을 냅니다. 그러나 성경을 읽지는 않습니다. 성경 말씀대로 살지를 않습니다. 교회는 성경을 읽고 거룩하게 살라는 가르침 보다는 예배에 참석하는 것과 교회 안에서 봉사하는 것을 더 강조합니다.

현대의 교회가 이렇게 될 것이므로, 현대의 목사들이 이렇게 잘 못 가르칠 것이므로 성경은 아무도 너희를 가르칠 필요가 없고 오직 기름 부음이 모든 것을 가르칠 것이라고 예언한 것입니다.

다시 한번 여러분이 성경을 소유할 수 있고 언제든지 읽을 수 있다는 사실을 생각을 해보십시오. 이것은 참으로 꿈 같은 일입니다. 불과 백 년 전에는 상상할 수 없던 일입니다. 예수님의 때에만 해도 구약 성경밖에 없었습니다. 그러나 지금은 신약 성경까지 있습니다. 더욱 풍성해진 것입니다. 이 성경이 성령을 통하여 여러분을 직접 가르칩니다.

성경은 구원의 지침서입니다. 영혼의 양식입니다. 이것을 먹지 않으면 여러분에게 아무 일도 일어나지 않습니다. 여러분은 선한 삶을 살 수 없습니다. 여러분은 회개하지 못합니다. 여러분은 구원받는 법을 모릅니다.

여러분은 외식 한 끼 값으로 이러한 보물을 구할 수 있다는 사실에 대하여 흥분해 본 적이 있습니까? 성경을 책상에도, 침대 머리맡에도, 핸드백 안에도, 차 안에도, 사무실에도 두고 언제든지 읽을 수 있다는 사실에 감격해 본 적이 있습니까? 성경은 여러 곳에 성경책을 두고 열심히 읽으라고 가르칩니다.

신명기 11장 18절에서 20절까지를 보겠습니다.

"이러므로 너희는 나의 이 말을 너희의 마음과 뜻에 두고 또 그것을 너희의 손목에 매어 기호를 삼고 너희 미간에 붙여 표를 삼으며" "또 그것을 너희의 자녀에게 가르치며 집에 앉아 있을 때에든지, 길을 갈 때에든지, 누워 있을 때에든지, 일어날 때에든지 이 말씀을 강론하고" "또 네 집 문설주와 바깥 문에 기록하라" (신 11:18-20).

하나님의 말씀을 마음에 두고 손목과 이마에도 써 붙이고 문설주와 바깥 문에도 써 놓으라고 말씀합니다. 이 말씀은 성경을 여러 곳에 두고 틈나는 대로 열심히 읽으라는 의미입니다.

이처럼 하나님의 말씀을 열심히 읽으라고 가르치는 이유가 무엇이겠습니까? 시편은 성경을 주야로 묵상하는 자는 복이 있다고 하였습니다. 그렇다면 성경을 읽는 자체가 복입니까? 성경을 읽는 행위가 중요한 것입니까?

본문 말씀의 뒷부분은 "너희를 가르치신 그대로 거하라"고 말씀합니다. 이 말씀은 성경 말씀대로 살라는 뜻입니다. 예수님은 제자들에게 너희는 나를 주라고 부르면서 내가 가르치는 대로 행하지는 않느냐고 책망하였습니다. 그리고 행하지 않는 믿음은 집을 모래 위에 짓는 것과 같다고 하였습니다. 말씀을 읽음에도 행하지 않으면 어리석은 것입니다.

성경을 읽는 목적이 바로 이것입니다. 말씀대로 행하기 위한 것입니다. 이것이 성령이 성경을 가르치고 깨닫게 하는 목적입니다. 성경을 주야로 묵상하지 않으면 그대로 행하게 되지 않습니다. 행함이 없는 믿음은 죽은 믿음이며 죽은 믿음으로 구원받지 못합니다.

그러므로 성경은 구약에서부터 예수님의 가르침을 지나 야고보의 가르침까지 모두 말씀대로 행하라는 것입니다. 성경을 읽지 않고는 결코 행할 수가 없음으로 성경을 읽으라고 하는 것입니다.

신명기 11장 22절에서 25절까지를 보겠습니다.

"너희가 만일 내가 너희에게 명하는 이 모든 명령을 잘 지켜 행하여 너희의 하나님 여호와를 사랑하고 그의 모든 도를 행하여 그에게 의지하면"

"여호와께서 그 모든 나라 백성을 너희 앞에서 다 쫓아내실 것이라 너희가 너희보다 강대한 나라들을 차지할 것인즉" "너희의 발바닥으로 밟는 곳은 다 너희의 소유가 되리니 너희의 경계는 곧 광야에서부터 레바논까지와 유브라데 강에서부터 서해까지라" "너희의 하나님 여호와께서 너희에게 말씀하신 대로 너희가 밟는 모든 땅 사람들에게 너희를 두려워하고 무서워하게 하시리니 너희를 능히 당할 사람이 없으리라" (신 11:21-25).

이 구절은 하나님의 말씀대로 행할 때에 받는 복에 대한 말씀입니다. 이들이 성경을 읽고 그대로 행할 때의 복은 첫째, 강한 나라들을 이기고 그들의 넓은 땅을 차지합니다. 둘째, 적들이 이들을 두려워합니다.

고대에는 전쟁이 많았고 하나님은 항상 적들을 일으켜 이스라엘을 심판하였습니다. 그러니 적을 이기게 하는 것은 참으로 큰 복입니다. 이것을 현대의 믿는 자들에게 적용하면 성경 말씀대로 살면 사탄에게 승리하게 한다는 의미입니다. 삶이 형통하고 영적으로 복을 받는 것입니다.

이러한 복은 오직 성경을 주야로 묵상하는 사람에게 주어지는 복입니다. 왜냐하면 성경을 주야로 묵상하는 자는 그대로 살기 때문입니다. 성경을 읽어도 그대로 행하지 않는 사람들도 있습니다. 그래서 성경에는 "항상 배우나 결코 진리에 이르지 못하느니라"는 말씀도 있습니다.

그러나 성경을 읽고 배워도 그대로 행하지 않는 일이 있다면 성경을 읽지 않는 사람은 더 말할 나위도 없는 것입니다. 항상 배우나 결코 진리에 이르지 못하는 사람은 그 이유가 있습니다. 그것은 배운 대로 행하지 않기 때문입니다. 머리로만 배우고, 머리에 지식만 쌓고 그대로 살지 않으므로 진리에 이르지 못하는 것입니다.

여호수아 1장 8절을 보겠습니다.

> "이 율법책을 네 입에서 떠나지 말게 하며 주야로 그것을 묵상하여 그 안에 기록된 대로 다 지켜 행하라 그리하면 네 길이 평탄하게 될 것이며 네가 형통하리라" (수 1:8).

하나님은 가나안으로 들어가는 여호수아에게 매우 단순한 말씀을 하였습니다. 성경을 주야로 묵상하고 그대로 다 지켜 행하면 만사 형통할 것이라는 말씀입니다. 전쟁을 하러 가는 여호수아에게 군사 훈련을 잘 하라고 말씀하지 않았습니다. 무기를 많이 준비하라고 명하지 않았습니다.

성경을 열심히 읽고 기록된 성경 말씀대로 행하라고 하였습니다. 이렇게 하는 것이 전쟁에 승리하는 방법입니다. 이렇게 하는 것이 삶이 형통하는 비결이며 가나안으로, 천국으로 들어가는 지혜입니다.

여호수아에게 명령한 것과 동일한 말씀이 성경에 많이 나옵니다. 그 중에 한 곳을 더 보겠습니다. 열왕기상 9장 4절, 5절을 보겠습니다.

> "네가 만일 네 아버지 다윗이 행함 같이 마음을 온전히 하고 바르게 하여 내 앞에서 행하며 내가 네게 명령한 대로 온갖 일에 순종하여 내 법도와

율례를 지키면" "내가 네 아버지 다윗에게 말하기를 이스라엘의 왕위에 오를 사람이 네게서 끊어지지 아니하리라 한 대로 네 이스라엘의 왕위를 영원히 견고하게 하려니와" (왕상 9:4-5).

하나님이 솔로몬에게 당부한 말씀도 명령한 대로 모든 일에 순종하면 왕위를 견고하게 하는 복을 준다는 것입니다. 여기서의 명령은 성경 말씀입니다. 즉 성경을 잘 읽고 그대로 행할 때 복을 준다는 것입니다.

다시 고대의 사람들을 생각해보십시오. 성경 읽어 주는 것을 들으려고 안식일에 회당에 가고, 성경을 소유한 사람에게 찾아가고, 광장에서 몇 시간을 서 있어야 했습니다. 단지 성경 읽어 주는 것을 듣기 위하여 이러한 수고를 해야 했습니다.

이들은 아마도 몇 개월 동안의 수입을 모두 모아도 두루마리 성경을 구입할 수 없었을 것입니다. 이들에게 성경은 지금의 여러분들이 고급 승용차를 구입하기 보다 더 비싼 물건이었을 것입니다. 그러한 성경을 여러분은 원하는 대로 소유할 수 있습니다. 마음껏 읽을 수 있는 환경에 살고 있습니다. 그럼에도 불구하고 여러분은 성경을 읽지 않겠습니까? 읽기만 하고 그대로 행하지 않겠습니까?

다윗은 하나님의 말씀을 얼마나 사모하는 지를 이렇게 노래했습니다.

"내 눈이 주의 구원과 주의 의로운 말씀을 사모하기에 피곤하니이다" (시 119:123).

"내가 주의 법도들을 사모하였사오니 주의 의로 나를 살아나게 하소서"
(시 119:40).
"진리의 말씀이 내 입에서 조금도 떠나지 말게 하소서 내가 주의 규례를
바랐음이니이다" (시 119:43).

다윗은 하나님의 말씀을 따라 행하는 것이 복을 받은 것이라고 노
래했습니다. 시편 119편 1절에서 3절까지를 보겠습니다.

"행위가 온전하여 여호와의 율법을 따라 행하는 자들은 복이 있음이여"
"여호와의 증거들을 지키고 전심으로 여호와를 구하는 자는 복이 있도
다" "참으로 그들은 불의를 행하지 아니하고 주의 도를 행하는도다" (시
119:1-3).

이제 믿음 생활을 위하여 다른 것을 먼저 구하지 마십시오. 성경을
주야로 묵상하십시오. 그리고 말씀대로 행하십시오. 그러할 때에 그
외의 것은 모두 더해집니다. 다윗처럼 성경을 묵상함으로써 여러분
의 기쁨을 충족하십시오. 말씀대로 행하는 기쁨으로 충만해지십시
오. 그리고 이제부터는 여러분 모두 성경이 교사이고 성령이 교사가
되는 믿음 생활을 하게 되기를 우리 주 예수 그리스도의 이름으로
축복합니다.

5

성경과 성령만 의지하라

"모든 성경은 하나님의 감동으로 된 것으로 교훈과 책망과 바르게 함과 의로 교육하기에 유익하니" "이는 하나님의 사람으로 온전하게 하며 모든 선한 일을 행할 능력을 갖추게 하려 함이라" (디모데후서 3:16-17).
"보혜사 곧 아버지께서 내 이름으로 보내실 성령 그가 너희에게 모든 것을 가르치고 내가 너희에게 말한 모든 것을 생각나게 하리라" (요한복음 14:26).
"오직 성령이 너희에게 임하시면 너희가 권능을 받고 예루살렘과 온 유대와 사마리아와 땅 끝까지 이르러 내 증인이 되리라 하시니라" (사도행전 1:8).

하나님은 인간을 지으시고 구원으로 인도합니다. 하나님이 인간을 창조하고 구원하는 이유는 자신이 찬송을 받기 위한 것입니다. 이사야 43장 21절을 보겠습니다.

"이 백성은 내가 나를 위하여 지었나니 나를 찬송하게 하려 함이니라" (사 43:21).

그러나 모든 인간이 하나님을 찬송하는 것은 아닙니다. 하나님을 믿든 자들, 구원받은 자들만 하나님을 찬송합니다. 그러므로 하나님은 인간들이 하나님을 믿고 구원받게 하기 위하여 교훈을 하고 가르칩니다.

하나님은 여러 방법으로 인간을 가르치는 데 크게 두 가지를 그 수단으로 사용합니다. 하나는 성경이고 다른 하나는 성령입니다.

지금 읽은 본문 말씀 중 요한복음 14장 26절은 성령이 너희 에게 모든 것은 가르친다고 합니다.

"보혜사 곧 아버지께서 내 이름으로 보내실 성령 그가 너희에게 모든 것을 가르치고…"

요한일서 2장 27절도 동일한 말씀을 합니다.

"너희는 주께 받은 바 기름 부음이 너희 안에 거하나니 아무도 너희를 가르칠 필요가 없고 오직 그의 기름 부음이 모든 것을 너희에게 가르치며 또 참되고 거짓이 없으니 너희를 가르치신 그대로 주 안에 거하라" (요일 2:27).

그의 기름 부음은 성령입니다. 성령이 가르친다는 것은 성령이 인간에게 생각과 마음을 넣어 주어 진리를 깨닫게 하고 할 것과 하지 말 것을 구별하게 하는 것입니다.

또 다른 본문 말씀인 디모데후서 3장 16절, 17절은 성경이 교육하기에 유익하며 온전한 사람으로 만든다고 합니다.

"모든 성경은 하나님의 감동으로 된 것으로 교훈과 책망과 바르게 함과

의로 교육하기에 유익하니" "이는 하나님의 사람으로 온전하게 하며 모
든 선한 일을 행할 능력을 갖추게 하려 함이라" (딤후 3:16-17).

성경은 하나님의 감동으로 쓰였습니다. 즉 성령이 성경의 저자입
니다. 그러므로 성령과 성경은 하나입니다. 다만 말씀하는 방법이 틀
립니다. 성경은 문자로 말씀하고 성령은 감동으로 말씀합니다. 그리
고 성령은 항상 성경 말씀에 근거하여 말씀합니다. 그러므로 성경에
대한 지식이 있을 때 성령이 주는 감동인지 나의 생각인지 구분할 수
있습니다.

육신을 입은 인간은 영과 육이 수시로 갈등합니다. 인간의 생각은
소욕과 물질을 따라갑니다. 성령은 절제와 영적인 것으로 인도합니
다. 육체의 소욕을 절제하고 영을 따르면 육신은 싫어하나 영혼은
구원으로 인도됩니다. 욕심대로 행하면 육체는 좋아하나 그 영혼은
멸망으로 인도됩니다. 갈라디아서 5장 16절, 17절을 보겠습니다.

"내가 이르노니 너희는 성령을 따라 행하라 그리하면 육체의 욕심을 이루
지 아니하리라" "육체의 소욕은 성령을 거스르고 성령은 육체를 거스르
나니 이 둘이 서로 대적함으로 너희가 원하는 것을 하지 못하게 하려 함
이니라" (갈 5:16-17).

인간들이 구원에 실패하는 이유는 성령을 따라 행하지 않기 때문
입니다. 성경 말씀대로 행하지 않기 때문입니다. 성경과 성령 외의 것
을 의지하기 때문입니다. 믿음 생활에서 성경과 성령 외의 것을 의지

하면 실패합니다.

사람을 의지하면 절망합니다. 목사를 추종하면 미혹됩니다. 신학이나 교리를 배우면 혼란해집니다. 교단, 교파, 종교 단체에 속하는 것은 고라에게 속하는 것처럼 위험합니다. 왜냐하면 그 안에는 구원의 지혜가 없기 때문입니다.

구원의 지혜를 가르치는 것은 성경밖에 없습니다. 디모데후서 3장 15절을 보겠습니다.

> "또 어려서부터 성경을 알았나니 성경은 능히 너로 하여금 그리스도 예수 안에 있는 믿음으로 말미암아 구원에 이르는 지혜가 있게 하느니라" (딤후 3:15).

장로교의 교리나 감리교의 교리에는 구원의 지혜가 없습니다. 칼빈의 신학에도, 그 누구의 신학에도 구원의 지혜가 없습니다. 구원의 지혜는 오직 성경 말씀에만 있습니다.

이러한 구원의 능력을 가진 성경 말씀이 실제의 능력으로 나타나게 하려면 성경을 주야로 묵상해야 합니다. 그러할 때에 말씀이 살아서 역사합니다.

> "하나님의 말씀은 살아 있고 활력이 있어 좌우에 날선 어떤 검보다도 예리하여 혼과 영과 및 관절과 골수를 찔러 쪼개기까지 하며 또 마음의 생각과 뜻을 판단하나니" (히 4:12).

이 구절은 하나님의 말씀이 얼마나 큰 능력이 있는지 잘 표현하고 있습니다. 인간의 영, 혼, 육을 완전히 장악하고 지배하는 것이 하나님의 말씀입니다. 또한 하나님의 말씀이 곧 예수 그리스도입니다. 요한복음 1장 14절과 요한계시록 19장 13절을 보겠습니다.

> "말씀이 육신이 되어 우리 가운데 거하시매 우리가 그의 영광을 보니 아버지의 독생자의 영광이요 은혜와 진리가 충만하더라" (요 1:14).
> "또 그가 피 뿌린 옷을 입었는데 그 이름은 하나님의 말씀이라 칭하더라" (계 19:13).

말씀이 육신이 되어 오신 분이 예수님이고 예수님의 이름이 하나님의 말씀이라고 하는 것은 놀랄 만한 사실입니다. 왜냐하면 성경을 읽는 자체가 바로 예수님을 만나는 것이기 때문입니다.

그렇다면 여러분은 특별히 따로 예수님의 얼굴을 구할 필요나 이유가 없습니다. 성경을 읽으면 되는 것입니다. 성경을 주야로 묵상할 때 예수를 만나고 예수의 능력이 성경을 통하여 힘을 발휘하게 됩니다.

그렇다면 성령은 여러분을 통하여 어떻게 그 힘이 발휘될 수 있는 것일까요? 성령이 힘을 발휘하려면 성령으로 세례를 받아야 합니다. 성령을 받는 것은 능력을 받는 것입니다. 성령의 능력은 여러 모양으로 나타납니다.

고린도전서 2장 10절은 성령은 하나님의 깊은 것까지도 통달한다고 합니다.

"오직 하나님이 성령으로 이것을 우리에게 보이셨으니 성령은 모든 것 곧
하나님의 깊은 것까지도 통달하시느니라" (고전 2:10).

성령이 이러한 능력이 있다는 것은 성령 받은 사람에게 이러한 능
력이 주어진다는 의미입니다.

성령을 받으면 장래의 일을 알 수 있습니다. 요한복음 16장 13절
을 보겠습니다.

"그러나 진리의 성령이 오시면 그가 너희를 모든 진리 가운데로 인도하시
리니 그가 스스로 말하지 않고 오직 들은 것을 말하며 장래 일을 너희에
게 알리시리라" (요 16:13).

성령을 받은 사람은 성령이 말씀하는 장래의 일을 들을 수 있습
니다.

성령 세례를 받은 사람에게 나타나는 또 다른 중요한 능력은 복
음을 전하는 능력입니다. 고린도전서 2장 4절을 보겠습니다.

"내 말과 내 전도함이 설득력 있는 지혜의 말로 하지 아니하고 다만 성령
의 나타나심과 능력으로 하여" (고전 2:4).

언변이나 설득력으로 전도하지 않고 오직 성령의 능력으로 전도
합니다.

다음은 베드로전서 1장 12절을 보겠습니다.

"이 섬긴 바가 자기를 위한 것이 아니요 너희를 위한 것임이 계시로 알게 되었으니 이것은 하늘로부터 보내신 성령을 힘입어 복음을 전하는 자들로 이제 너희에게 알린 것이요 천사들도 살펴보기를 원하는 것이니라"(벧전 1:12).

이 구절도 "성령을 힘입어 복음을 전하는 자들"이라고 말씀합니다. 성령을 받지 않은 사람에게는 전도의 능력이 없으므로 성령을 받고 땅 끝까지 복음을 전하라고 말씀하는 것입니다.

"오직 성령이 너희에게 임하시면 너희가 권능을 받고 예루살렘과 온 유대와 사마리아와 땅 끝까지 이르러 내 증인이 되리라 하시니라"(행 1:8).

전도를 위하여서 성령을 받는 것이 매우 중요하므로 "오직 성령이 임하면"이라는 조건을 달아 놓은 것입니다. 이 말씀은 땅 끝까지 가서 복음을 전하기 전에 반드시 성령을 받으라는 것입니다.

초대 교회의 시절에는 믿는 사람들이 성령을 받는 일이 일반적이었으며 혹시 받지 못한 사람들이 있을 경우에는 가능한 빨리 성령을 받도록 한 것으로 여겨집니다. 왜냐하면 그 당시의 사람들은 믿음 생활에서 가장 중요한 것이 성령 받는 것이라는 사실을 깨달았기 때문입니다. 사도행전 8장 14절에서 17절까지를 보겠습니다.

"예루살렘에 있는 사도들이 사마리아도 하나님의 말씀을 받았다 함을 듣고 베드로와 요한을 보내매""그들이 내려가서 그들을 위하여 성령 받기를 기도하니""이는 아직 한 사람에게도 성령 내리신 일이 없고 오직 주 예수의 이름으로 세례만 받을 뿐이더라""이에 두 사도가 그들에게 안수하매 성령을 받는지라"(행 8:14-17).

베드로와 요한이 사마리아의 예수 믿는 자들을 찾아갔습니다. 이들은 물 세례만 받고 아직 성령으로 세례를 받지 못한 사람들이었습니다. 그리하여 두 사도가 이들을 위하여 성령 받기를 기도하였습니다. 그러자 이들은 성령을 받았습니다. 이러한 일을 미루어 보면 믿는 사람들에게 가장 급한 것이 성령을 받는 일이었다는 것을 알 수 있습니다.

사도 바울은 믿는 자들에게 믿을 때에 성령을 받았는지 질문하였습니다. 사도행전 19장 2절에서 6절까지를 보겠습니다.

"이르되 너희가 믿을 때에 성령을 받았느냐 이르되 아니라 우리는 성령이 계심도 듣지 못하였노라""바울이 이르되 그러면 너희가 무슨 세례를 받았느냐 대답하되 요한의 세례니라""바울이 이르되 요한이 회개의 세례를 베풀며 백성에게 말하되 내 뒤에 오시는 이를 믿으라 하였으니 이는 곧 예수라 하거늘""그들이 듣고 주 예수의 이름으로 세례를 받으니""바울이 그들에게 안수하매 성령이 그들에게 임하시므로 방언도 하고 예언도 하니"(행 19:2-6).

이 말씀도 믿을 때에 성령을 받지 않은 사람들에게 가장 중요한 것이 성령으로 세례를 받는 일라는 것을 잘 보여주고 있습니다.

요한복음 3장 5절을 보겠습니다.

"예수께서 대답하시되 진실로 진실로 네게 이르노니 사람이 물과 성령으
로 나지 아니하면 하나님의 나라에 들어갈 수 없느니라"(요 3:5).

물 세례와 성령 세례로 거듭나야 구원받는다고 말씀합니다. 물 세
례도 성령 세례도 모두 그 핵심은 회개하여 거듭나는 것입니다. 그러
므로 물 세례만 받아도 진정으로 회개하여 거듭나면 구원받을 수 있
습니다. 그럼에도 불구하고 성경은 성령으로 세례를 받을 것을 명하
는 이유가 무엇이겠습니까?
　세례 요한은 자신은 물로 세례를 주지만 예수님은 성령으로 세례
를 베풀 것이라고 하였습니다. 마가복음 1장 8절을 보겠습니다.

"나는 너희에게 물로 세례를 베풀었거니와 그는 너희에게 성령으로 세례
를 베푸시리라"(막 1:8).

예수님이 베푸는 성령 세례가 물 세례보다 더 크고 능력이 있다는
것입니다. 그러므로 성령을 구하여 받으라고 가르치는 것입니다.
　베드로는 예수님이 그리스도요 살아 계신 하나님의 아들이라고
고백하였습니다. 믿고 입으로 시인하였습니다. 또한 자신은 예수님
을 절대로 배반하지 않을 것이라고 다짐하였습니다. 예수님이 호수
위를 걸어올 때에 물에 뛰어드는 담대한 믿음의 소유자였습니다.
　그럼에도 불구하고 베드로는 예수님이 잡혀가자 예수님을 부인하

였고 예수님이 죽으신 후에는 사역을 포기하고 다시 어부로 돌아갔습니다. 그렇게 믿음이 좋아 보였던 베드로가 결국에 이렇게 된 이유는 성령을 받지 않았기 때문입니다.

그러나 오순절에 성령을 받은 베드로는 크게 변하였습니다. 성령으로 충만하여 담대하게 복음을 전하였습니다. 설교를 들은 사람들이 놀랄 정도였고 단 번에 큰 부흥을 이루었습니다.

성령을 받은 베드로는 감옥에 가는 것을 두려워하지 않았습니다. 그는 앉은뱅이를 고치고 성령을 받게 하는 능력을 행하였습니다. 죽음을 두려워하지 않고 예수 그리스도의 복음을 전하다가 결국에는 순교하였습니다.

베드로의 성령 받기 전과 후를 대비하여 설명한 이유는 성령 받는 것의 중요성을 다시 한번 강조하기 위한 것입니다. 성령을 받기 전의 베드로도 상당한 믿음이 있어 보였습니다. 그러나 위급한 상황에 처하자 두려움에 믿음이 약해졌습니다.

고난이 오자 믿음을 버리게 되었습니다. 이것이 성령을 받았을 때와 받지 않았을 때의 차이입니다. 그러므로 성경은 오직 성령이 임하면 땅끝까지 복음을 전하라고 당부하는 것입니다.

지금까지 성령으로 세례를 받는 것의 중요성에 대하여 말씀을 드렸습니다. 이제부터는 성령을 받기 위하여 해야 할 일에 대하여 살펴보겠습니다. 성령은 인격적입니다. 그러므로 구하면 주고 구하지 않으면 주지 않습니다.

또한 성령 받기를 사모하면 주고 사모하지 않으면 주지 않을 것입니다. 그러므로 성령을 받기를 사모하여 구하는 것이 성령을 받기 위하여 해야 할 가장 기본적이고 중요한 일입니다. 누가복음 11장 10절과 13절을 보겠습니다.

> "구하는 이마다 받을 것이요 찾는 이는 찾아낼 것이요 두드리는 이에게는 열릴 것이니라"(눅 11:10).
> "너희가 악할지라도 좋은 것을 자식에게 줄 줄 알거든 하물며 너희 하늘 아버지께서 구하는 자에게 성령을 주시지 않겠느냐 하시니라"(눅 11:13).

이 두 구절은 성령을 구하면 반드시 받을 수 있다고 말씀합니다. 이처럼 하나님은 두드리는 자에게 열어 주고 구하는 자에게 준다고 약속하였으므로 주지 않을 수 없습니다.

성령을 구하였는데 받지 못했다고 말하는 사람들이 있습니다. 만약에 여러분이 이러한 경우에 해당한다면 다음과 같이 행할 것을 권합니다.

첫째, 전에 보다 훨씬 더 간절하게 구하십시오. 기도원에 가서 성령 받을 때까지 내려오지 않겠다는 각오로 매달려보십시오. 성령을 주지 않으려면 죽음을 달라는 심정으로 목이 쉬게 부르짖어 기도하십시오.

둘째, 금식하며 기도하십시오. 하루 한끼 금식을 며칠 간 하던가 3일 금식을 하며 간구해 보십시오. 이 금식의 목적은 오직 성령을 받기 위한 것입니다.

셋째, 회개하십시오. 아주 작은 죄까지 찾아 고백하고 죄 사함을 구하십시오. 이렇게 할 때에 성령이 회개할 것을 생각나게 도우며 회개의 영을 부어줍니다. 그런 후에 성령으로 세례를 받게 합니다.

이 세 가지를 작정하고 실행하십시오. 이렇게 할 때에 성령으로 세례를 받지 못할 사람이 없습니다. 사람들이 성령을 받지 못하는 이유가 여기에 있습니다. 이 세 가지를 하지 않기 때문입니다.

어떤 사람은 성령을 받는데 관심이 없습니다. 어떤 믿는 자들은 성령을 받는 것이 무슨 의미인지도 모릅니다. 이러한 사람들은 매우 안타까운 것입니다. 지금까지는 성령을 받지 않고 믿음 생활을 하였다면 지금 이 설교를 들은 후로는 변화되기를 바랍니다. 성령 세례를 받아 성령 받기 전의 베드로가 되지 말고 성령 받은 후의 베드로가 되십시오.

성령을 받는 것의 중요성과 필수성을 강조하는 말씀을 하나 더 보겠습니다. 고린도후서 1장 22절을 보겠습니다.

"그가 또한 우리에게 인치시고 보증으로 우리 마음에 성령을 주셨느니라"(고후 1:22).

이 구절에서 인치고 보증을 한다는 것은 구원을 인치고 보증을 한다는 뜻입니다. 그런데 그러한 구원의 보증으로 성령을 주었다는 것입니다. 쉽게 말하면 성령을 받는다는 것은 구원이 보증되었다는 뜻입니다.

믿는 사람들 중에도 구원받는 사람이 많지 않다고 예수님이 말씀하였습니다. 그런데 그러한 구원을 보증 받는 일이라면 목숨을 걸고

라도 받아야 하지 않겠습니까?

그러니 성령을 받지 못한 사람들은 성령으로 세례 받는 일을 믿음 생활의 가장 우선적이고 중요한 목표로 삼아 속히 성령을 받으십시오. 그리하여 성경과 성령만 의지하는 거룩한 삶을 살기를 지금 오고 계신 메시아 예수 그리스도의 이름으로 축복합니다.

6
성령이 주시는 지혜와 총명

"이로써 우리도 듣던 날부터 너희를 위하여 기도하기를 그치지 아니하고 구하노니 너희로 하여금 모든 신령한 지혜와 총명에 하나님의 뜻을 아는 것으로 채우게 하시고" "주께 합당하게 행하여 범사에 기쁘시게 하고 모든 선한 일에 열매를 맺게 하시며 하나님을 아는 것에 자라게 하시고" "그의 영광의 힘을 따라 모든 능력으로 능하게 하시며 기쁨으로 모든 견딤과 오래 참음에 이르게 하시고"(골로새서 1:9-11).

바울은 하나님의 계시로 예수를 알고 성경을 가르쳤습니다. 그에게는 교사가 따로 없었습니다. 갈라디아서 1장 12절을 보겠습니다.

"이는 내가 사람에게서 받은 것도 아니요 배운 것도 아니요 오직 예수 그리스도의 계시로 말미암은 것이라"(갈 1:12).

바울은 바리새인으로서 구약에는 능통하였지만 예수 그리스도에 대하여는 알지 못하였습니다. 바울은 예수 믿는 사람들을 핍박한 사람입니다. 그런데 그가 한 순간에 변하여 예수를 증언할 뿐더러 예수의 복음을 가르치는 교사가 되었습니다.

바울은 예수의 열 두 제자처럼 직접 예수의 가르침을 받지도 않았습니다. 예수의 삶을 옆에서 지켜보지도 못했습니다. 그럼에도 불구하고 예수가 구약에 예언된 메시아라는 것을 알게 되었습니다. 그뿐 아니라 예수와 복음에 대한 온갖 깊은 계시까지도 통달하여 교회의 성도들을 가르쳤습니다.

그의 가르침의 일부는 편지를 통하여 세상에 전해졌고 그 편지들이 현재의 신약 성경이 되었습니다. 신약 성경의 삼분의 일이 바울에 의하여 기록되었습니다.

바울에게 이러한 일이 가능했던 이유는 예수 그리스도가 계시하여 주었기 때문입니다. 다른 말로 표현을 하면 성령이 지혜와 지식을 주어서 알게 된 것입니다. 그리하여 갈라디아서 1장 12절을 통하여 사람에게서 받은 것도 아니요 배운 것도 아니요 오직 예수 그리스도의 계시로 말미암은 것이라고 고백하였습니다.

요한일서 2장 27절을 보겠습니다.

"너희는 주께 받은 바 기름 부음이 너희 안에 거하나니 아무도 너희를 가르칠 필요가 없고 오직 그의 기름 부음이 모든 것을 너희에게 가르치며 또 참되고 거짓이 없으니 너희를 가르치신 그대로 주 안에 거하라"(요일 2:27).

예수의 제자였던 요한도 바울과 같은 말씀을 하였습니다. 주님의 기름 부음이 성경을 가르치므로 사람에게 배울 필요가 없다고 합니다. 다만 중요한 것은 가르치는 그대로 행하는 것이라고 말씀합니다.

요한이 이 말씀을 한 특별한 배경이 있습니다. 그 당시에 거짓 교사들이 많았는데 사람들은 반드시 목사나 교사에게서 가르침을 받아야 한다는 생각을 하고 있었기 때문입니다. 이러한 사람들을 깨우치기 위하여 한 말씀입니다.

이 말씀을 다시 표현하면 성경만 있으면 교사가 따로 필요 없이 혼자서 성령이 주는 지혜와 지식으로 성경을 배우고 깨달을 수 있다는 의미입니다. 이 말씀은 절대로 성경 교사에게 배우지 말라는 의미는 아닙니다.

참 교사에게 배우는 것은 좋은 것입니다. 그러나 참 교사가 매우 희소했던 초대 교회 시절에는 요한의 이러한 가르침이 중요한 의미가 있었습니다. 그리고 이 가르침은 참 목사가 드문 현대에도 그대로 적용됩니다.

본문 말씀은 바울이 골로새에 있는 성도들에게 보낸 편지의 일부인데 그들을 위하여 어떻게 기도하는지 설명하였습니다. 그 내용은 크게 두 가지입니다. 하나는 성령이 지혜와 총명을 준다는 것이고 다른 하나는 그 지혜와 총명이 어떻게 유익한지에 관한 것입니다.

골로새서 1장 9절 뒷부분의 "모든 신령한 지혜와 총명에 하나님의 뜻을 아는 것으로 채우게 하시고"를 조금 더 이해하기 쉽게 표현하면, "성령이 주는 모든 지혜와 총명을 통하여 하나님의 뜻을 알게 하고"입니다.

이 말씀은 하나님을 아는 지혜와 총명은 오직 성령만이 줄 수 있다는 것입니다. 인간의 머리와 노력으로 하나님을 알 수 있는 지혜와 총명을 가질 수 없다는 것입니다. 머리가 좋아서 지혜와 총명이 있는 것이 아니며 공부를 열심히 하여서 지혜와 총명이 생기지 않습니다.

이것이 성경을 공부하는 것과 다른 학문을 공부하는 것의 차이입니다. 세상의 학문은 인간의 노력과 지식으로 알 수 있습니다. 두뇌가 우수하고 공부 시간을 많이 들일수록 그 성과가 클 것입니다.

그러나 하나님을 아는 지혜와 지식은 그렇지 않습니다. 성경은 하나님을 알게 되고 성경을 이해하게 되는 것은 전적으로 하나님이 주는 계시나 지혜, 총명에 의해서만 가능하다는 것을 여러차례 말씀합니다. 에베소서 1장 17절을 보겠습니다.

"우리 주 예수 그리스도의 하나님, 영광의 아버지께서 지혜와 계시의 영을 너희에게 주사 하나님을 알게 하시고"(엡 1:17).

이 구절도 하나님이 지혜와 계시를 주어 하나님을 알게 한다고 말씀합니다.

출애굽기 35장 31절을 보겠습니다.

"하나님의 영을 그에게 충만하게 하여 지혜와 총명과 지식으로 여러 가지 일을 하게 하시되"(출 35:31).

여기서 그는 브살렐입니다. 브살렐은 영적인 일을 하는 사람이 아닙니다. 금과 은이나 쇠, 나무 등으로 물건을 만드는 기술자입니다. 이러한 일을 잘 할 수 있는 지혜와 총명을 하나님이 주었다고 말씀합니다. 이처럼 세상의 기술도 하나님의 영광을 위하여 쓰임을 받을 때에는 하나님이 그 일을 잘 할 수 있는 지혜와 총명과 지식을 줍니다.

역대상 22장 12절을 보겠습니다.

"여호와께서 네게 지혜와 총명을 주사 네게 이스라엘을 다스리게 하시고 네 하나님 여호와의 율법을 지키게 하시기를 더욱 원하노라" (역상 22:12).

이 구절은 다윗이 아들 솔로몬에게 유언처럼 남긴 말입니다. 하나님이 솔로몬에게 지혜와 총명을 주기를 원하는데 두 가지 부분에 대하여 언급합니다. 하나는 나라를 잘 다스리게 하는 지혜와 총명이고 다른 하나는 여호와의 율법을 잘 지키게 하는 지혜와 총명입니다. 이 모든 지혜와 총명도 하나님이 주는 것입니다.

다니엘은 가장 지혜로운 선지자 중에 하나로 알려진 인물입니다. 그는 소년일 때 이미 바벨론 왕궁에서 일할 자로 선발이 될 정도로 총명하였습니다. 다니엘의 이러한 지혜와 총명도 하나님이 준 것입니다. 다니엘서 9장 22절을 보겠습니다.

"내게 가르치며 내게 말하여 이르되 다니엘아 내가 이제 네게 지혜와 총명을 주려고 왔느니라" (단 9:22).

이 말씀은 천사 가브리엘이 다니엘에게 한 말입니다. 다니엘에게 지혜와 총명을 주러 왔는데 그 지혜와 총명은 마지막 때에 일어날 일에 대한 것을 이해할 수 있는 지혜와 총명입니다. 여기서 다니엘이 받은 지혜와 총명은 영적인 것입니다. 그리고 특별한 사안에 관한 것이었습니다. 이상으로 살펴본 대로 하나님은 지혜와 총명을 자신의 뜻대로 때를 따라, 사람에 따라 다양한 모양으로 주십니다.

이제부터는 세상의 지혜와 총명에 대하여 살펴보겠습니다. 믿지 않는 사람들도 지혜와 총명에 대하여 말을 합니다. 지혜가 있는 사람과 없는 사람을 나름대로의 기준으로 판단합니다. 총명한 사람에 대한 평가도 합니다. 그러나 세상 사람들이 판단하는 지혜와 총명은 하나님이 주는 것과는 다릅니다. 고린도전서 1장 19절, 20절을 보겠습니다.

"기록된 바 내가 지혜 있는 자들의 지혜를 멸하고 총명한 자들의 총명을 폐하리라 하였으니" 지혜 있는 자가 어디 있느냐 선비가 어디 있느냐 이 세대에 변론가가 어디 있느냐 하나님께서 이 세상의 지혜를 미련하게 하신 것이 아니냐" (고전 1:19-20).

하나님이 폐하려는 것은 세상의 지혜와 총명입니다. 하나님이 인간의 지혜와 총명을 폐하는 이유가 있습니다. 인간의 지혜는 하나님을 거스르기 때문입니다. 세상의 지혜와 총명을 가진 자들의 특징 중에 하나가 교만입니다.

예수님 때의 바리새인과 서기관들이 그러하였고 고대에는 바벨탑을 세우려 했던 사람들이 그러하였습니다. 이들은 자신들의 지혜와 총명을 믿어 예수님을 대적하고 하나님을 거슬렀습니다.

온 이스라엘이 요단강에서 세례를 받고 회개하여 예수를 믿을 때에 바리새인들은 참여하지 않았습니다. 그들은 결국 예수님을 죽였습니다. 이들의 지혜와 총명에 근거하면 그렇게 하는 것이 바른 일이었습니다.

고대에 사람들이 흩어지는 것을 막고 한 곳에 모여 하늘에 닿는 탑을 세우려고 했습니다. 이들에게는 돌 대신에 벽돌로, 진흙 대신에 역청으로 성을 짓고 높은 탑을 세우는 일이 지혜와 총명이었습니다. 그러나 그 일은 하나님이 보기에는 어리석은 일이고 교만한 행동이었습니다. 그리하여 하나님은 그들의 언어가 서로 통하지 않게 하여 그 일을 중단시켰습니다.

이처럼 세상에서 지혜 있고 총명하다고 여기는 사람은 교만하며 하나님을 대적합니다. 지금 이 설교에서 가르치는 핵심이 바로 이것입니다. 성령이 주는 지혜와 총명을 세상의 지혜와 총명과 구분하는 것입니다.

세상은 명문 대학을 나온 사람, 높은 지위와 명예를 가진 사람을 지혜와 총명이 있을 것으로 판단합니다. 그러나 이러한 사람들의 지혜와 총명이 성령이 준 것인지의 여부는 검증할 필요가 있습니다. 그 것을 검증하는 일은 어렵지 않습니다. 그에게 주어진 능력과 지위와 명예가 하나님의 영광을 위하여 사용되는 지를 보면 알 수 있습니다.

바울은 그 당시 명문 학교인 가말리엘 학파의 최고 학자 중에 하나였습니다. 하나님을 섬기는 일에도 매우 열심이었습니다. 그러나 바울은 예수 믿는 자들을 잡아 감옥에 가두는 일을 하였습니다. 그렇다면 바울은 세상이 보기에는 지혜와 총명이 뛰어난 자였으나 하나님이 보기에는 무식한 자였습니다.

그러던 그가 다메섹에서 예수를 만난 후에는 자신의 지식이 배설물이고 예수를 아는 지식이 가장 고상한 것이라는 사실을 깨달았습니다. 빌립보서 3장 7절, 8절을 보겠습니다.

"그러나 무엇이든지 내게 유익하던 것을 내가 그리스도를 위하여 다 해로 여길 뿐더러" "또한 모든 것을 해로 여김은 내 주 그리스도 예수를 아는 지식이 가장 고상하기 때문이라 내가 그를 위하여 모든 것을 잃어버리고 배설물로 여김은 그리스도를 얻고"(빌 3:7-8).

그리하여 바울은 예수와 예수가 십자가에 못박힌 것 외에는 아무 것도 알기를 원하지 않았습니다. 고린도전서 2장 2절을 보겠습니다.

"내가 너희 중에서 예수 그리스도와 그가 십자가에 못 박히신 것 외에는 아무 것도 알지 아니하기로 작정하였음이라"(고전 2:2).

바울이 이렇게 변한 것은 바울에게 사람의 지혜와 총명이 떠나고 성령이 주는 지혜와 총명이 들어왔기 때문입니다. 이처럼 인간의 지혜와 하나님의 지혜는 다를 뿐더러 전혀 반대입니다.

성령이 주는 지혜와 총명을 가지면 어떤 열매를 맺는지 살펴보겠습니다. 본문 말씀인 골로새서 1장 10절, 11절은 9절의 결과를 설명하는 것입니다. 즉 "성령이 주시는 지혜와 총명으로 하나님을 알게 되면" 10절부터 언급된 열매를 얻게 됩니다. 모두 일곱 가지의 열매인데 그 내용을 하나씩 살펴보겠습니다.

첫째, 주께 합당하게 행하게 됩니다. 다르게 표현하면 주님의 뜻대로 계명을 지키며 산다는 것입니다.

둘째, 모든 일에 주님을 기쁘게 합니다. 주님의 뜻을 알고 그대로 행하므로 이러한 사람이 행하는 모든 것은 주님이 기뻐할 수 밖에 없습니다.

셋째, 모든 선한 일에 열매를 맺습니다. 이 말씀은 선한 일을 할 뿐더러 좋은 결과도 얻는다는 의미입니다. 예를 들어 어떤 가난한 자를 구제하였더니 그 사람이 예수를 믿게 되는 열매를 맺는 것입니다.

넷째, 하나님을 아는 지식이 자랍니다. 하나님의 뜻을 아는 사람도 그 깊이와 넓이가 다릅니다. 그러나 성령이 주는 지혜와 총명을 통하여 하나님을 알게 되면 믿음이 계속 자랄 수 있습니다.

다섯째, 능력이 강하게 됩니다. 하나님을 아는 지식이 믿음이며 믿음이 클수록 능력이 커집니다.

여섯째, 큰 인내심을 가지게 됩니다. 믿음 생활을 하는 사람에게는 늘 어려운 일이 닥칩니다. 믿음을 단련하기 위한 고난이 있습니다. 하나님을 아는 지혜와 총명이 있으면 고난 중에 낙심하거나 실족하지 않고 인내하여 승리합니다.

일곱째, 하나님께 기쁨으로 감사하게 됩니다. 성령이 주는 지혜와 총명은 항상 기뻐하며 범사에 감사하게 합니다. 왜냐하면 하나님의 뜻을 아는 사람은 하나님이 항상 선하고 좋은 것으로 준다는 사실을 알기 때문입니다.

이상으로 성령이 주는 지혜와 총명으로 하나님의 뜻을 알게 된 자들이 받는 유익에 대하여 살펴보았습니다. 여기에는 모든 귀한 것이 망라되어 있습니다. 그 내용도 부연 설명이 필요 없이 단순하며 명료합니다.

이 일곱 가지 큰 복을 능가하는 것은 세상에 존재하지 않으며 오직 성령이 주시는 지혜와 총명을 가진 사람에게만 주어집니다. 그런데 더 기쁜 소식은 여러분 모두 이러한 복을 누릴 수 있다는 것입니다. 누구든지 하나님의 뜻을 알 수 있는 지혜와 총명을 받을 수 있다는 것입니다.

어떻게 받을 수 있겠습니까? 성령을 받으면 됩니다. 바울과 열 두 제자도 성령을 받아 그렇게 되었습니다. 미국의 무디 목사도, 데이빗 윌커슨 목사도 성령을 받아 그렇게 되었습니다. 영국의 찰스 스퍼전 목사도, 조지 휫필드도 성령을 받았습니다. 마지막으로 나도 성령을 받음으로써 하나님의 뜻을 아는 지혜와 총명을 얻었습니다. 성령을 받으면 누구든지 그렇게 될 수 있고 여러분도 그렇게 될 수 있습니다.

이사야 11장 2절을 보겠습니다.

"그의 위에 여호와의 영 곧 지혜와 총명의 영이요 모략과 재능의 영이요 지식과 여호와를 경외하는 영이 강림하시리니" (사 11:2).

이사야가 예수님에게 임할 성령을 예언하였는데 성령이 어떠한 영인지 그 본질을 잘 말씀하고 있습니다. 여기에는 지금까지 주제로 삼은 지혜와 총명 외에도 여러가지 좋은 것들이 많이 언급되어 있습니다. 모략과 재능과 지식과 여호와를 경외하는 영도 있습니다. 이처럼 성령은 하나님이 주는 가장 크고 좋은 선물입니다. 안 받은 사람들은 모두 구하여 받기 바랍니다.

그렇다면 성령을 받지 못한 사람은 어떻게 해야 할까요? 성령을 받지 않아도 하나님이 주는 지혜와 총명을 얻는 방법이 있습니다. 그것은 기도하며 성경을 열심히 공부하고 묵상하는 것입니다. 아울러 선한 행실의 거룩한 삶을 살아야 합니다. 이렇게 하면 성령이 주는 지혜와 총명을 받을 수 있습니다.

여기서 중요한 것은 기도와 거룩한 삶을 살면서 성경을 공부해야 한다는 것입니다. 많은 기도와 거룩한 삶이 없이 성경 공부만 하면 성령이 주는 지혜와 총명을 얻지 못할 뿐더러 오히려 교만 해집니다.

성령을 받지 못하고, 충분한 기도의 양도 쌓지 않고, 계명을 지키는 거룩한 삶을 살지 않으면서 성경만 읽는 사람들이 있습니다. 대표적인 사람들이 신학자들이고, 신학교 교수이고, 신학교 학생들이고, 한국 교회의 목사들이고, 장로들입니다.

이들 중에는 성경조차도 열심히 읽지 않는 사람들이 있습니다. 여러분은 이러한 사람을 본받지 않아야 합니다. 이러한 사람이 되지 않아야 합니다. 왜냐하면 이들에게는 성령이 주는 지혜와 총명이 없기 때문입니다. 이들은 도무지 성령이 없으며 오히려 육에 속한 자들이며 교만할 따름입니다.

사람의 지혜와 총명을 가진 사람들은 하나님이 폐할 것이라고 하였습니다. 그런데 이러한 사람들이 교회 안에도 있다는 것, 그것도 주로 교회의 리더들이 그렇다고 하는 것은 참으로 안타까운 일입니다.

이들은 성령이 주는 지혜와 총명이 없으므로 하나님을 바르게 알지 못합니다. 그러니 성경을 바르게 풀지 못합니다. 그럼에도 불구하고 성경을 가르치고 있습니다. 한국의 수많은 크리스천들이 이러한 자들에게 설교를 듣고 성경을 배우고 있습니다. 그러니 교인들에게 디모데후서 3장 7절 말씀이 응하는 것입니다.

"항상 배우나 끝내 진리의 지식에 이를 수 없느니라"(딤후 3:7).

여러분에게 성령이 주는 지혜와 총명이 없으면 결국에는 망합니다. 여러분을 인도하는 사람에게 속아서 멸망하는 것입니다. 여러분을 속이는 자들은 그 안에 성령이 없습니다. 그러니 하나님을 잘 못 알고 잘 못 가르칩니다. 이러한 자들은 현대의 교회 안에도 있고 예수님의 때에도 있었습니다. 마태복음 23장 15절을 보겠습니다.

"화 있을진저 외식하는 서기관들과 바리새인들이여 너희는 교인 한 사람을 얻기 위하여 바다와 육지를 두루 다니다가 생기면 너희보다 배나 더 지옥 자식이 되게 하는도다"(마 23:15).

여기서 화 있을 서기관들과 바리새인들이 바로 현대의 목사들이고 부목사들이고 전도사들이고 장로들이고 신학자들이고 신학교 교수들입니다. 그리고 지옥 자식이 되는 사람들이 바로 한국의 교인들입니다. 이천 년이 지나도 변한 것이 없습니다. 진리는 변하지 않습니다.

이러한 현실 가운데 믿음 생활을 바르게 하는 것이 쉽지 않습니다. 그러니 성령이 주는 지혜와 총명이 더욱 아쉬운 것이며 절대로 필요한 것입니다. 여러분이 생각하고 말하고 행동하고 살아가는 모든 삶이 성령이 준 것인 지 늘 분별하십시오.

여러분은 성령이 주는 지혜와 총명을 통하여 하나님의 뜻을 알게 되면 조금 전에 설명한 일곱 가지의 열매가 삶에 나타납니다. 그것이 없다면 여러분은 사람의 지혜와 총명으로 살고 있는 것입니다. 자신의 소견에 옳은 대로 행하고 있는 것입니다. 교만하게 행하는 것이며 하나님이 폐하려고 할 것입니다.

여러분 모두 성령이 주는 지혜와 총명을 통하여 하나님의 뜻을 알게 되고 일곱 가지 선한 열매를 맺는 복을 받기를 우리 주 예수 그리스도의 이름으로 축복합니다.

7

믿지 않는 자와
멍에를 함께 메지 말라

"너희는 믿지 않는 자와 멍에를 함께 메지 말라 의와 불법이 어
찌 함께 하며 빛과 어둠이 어찌 사귀며" "그리스도와 벨리알이
어찌 조화되며 믿는 자와 믿지 않는 자가 어찌 상관하며" "하나
님의 성전과 우상이 어찌 일치가 되리요 우리는 살아 계신 하나
님의 성전이라 이와 같이 하나님께서 이르시되 내가 그들 가운
데 거하며 두루 행하여 나는 그들의 하나님이 되고 그들은 나의
백성이 되리라" "그러므로 너희는 그들 중에서 나와서 따로 있
고 부정한 것을 만지지 말라 내가 너희를 영접하여" "너희에게
아버지가 되고 너희는 내게 자녀가 되리라 전능하신 주의 말씀
이니라 하셨느니라" "그런즉 사랑하는 자들아 이 약속을 가진
우리는 하나님을 두려워하는 가운데서 거룩함을 온전히 이루어
육과 영의 온갖 더러운 것에서 자신을 깨끗하게 하자" (고린도
후서 6:14-7:1).

믿지 않는 자와 함께 교제하는 것은 여러분의 육과 영을 더럽히는
것입니다. 믿지 않는 자는 교제의 대상도 사업의 파트너도 결혼의 상
대자도 될 수 없습니다. 믿지 않는 자는 오직 전도의 대상입니다.

소 두 마리가 멍에를 나누면 힘이 반 밖에 들지 않습니다. 그런데
소가 나귀와 함께 멍에를 메면 수고가 갑절이 됩니다. 왜냐하면 나

귀는 힘이 없음으로 소가 나귀까지 끌어야 하기 때문입니다.

이 나귀는 믿지 않는 자를 상징합니다. 믿지 않는 자와 함께 하면 나귀와 멍에를 함께 멘 소처럼 힘이 듭니다. 그리고 믿지 않는 자의 영으로부터 나쁜 영향을 받습니다. 그러므로 믿는 자는 믿지 않는 자와 함께 하지 않음으로 자신을 깨끗게 할 수 있는 것입니다.

본문 말씀은 믿는 자와 믿지 않는 자를 잘 대비하고 있습니다. 믿는 자는 의이며 빛이며 그리스도이며 하나님의 성전입니다. 반면에 믿지 않는 자는 불법이며 어둠이며 벨리알이며 우상입니다.

그러므로 믿지 않는 자들과는 함께 메지도, 하지도, 사귀지도, 조화되지도, 상관하지도, 일치되지도 말라고 합니다. 믿는 자들과 믿지 않는 자들을 그리스도와 사탄으로 까지 대비하는 것은 믿지 않는 자와의 관계를 얼마나 엄격하게 금하는지를 잘 보여줍니다. 이것은 하나님이 자신의 자녀들을 보호하려는 강한 의지이며 사랑입니다.

"육과 영의 온갖 더러운 것에서 자신을 깨끗하게 하자"라는 말씀은 믿는 자들이 믿지 않는 자들과 함께 하지 않아야 깨끗할 수 있다는 것입니다. 믿지 않는 자들과 함께 하는 몇 가지 경우를 살펴보겠습니다.

첫째, 믿지 않는 사람과 친구 관계를 유지하는 것입니다. 그 친구는 어렸을 때부터 친한 사람일 수도 있고 늦게 사회에서 사귀게 된 친구일 수도 있습니다. 믿지 않을 때에 알게 된 사람일 수도 있고 믿고 난 후에도 말이 통하고 이해가 일치하여 믿지 않지만 사귀게 된 사람일 수도 있습니다.

어떠한 경우라도 그 사람이 믿지 않는다면 그 사람과의 교제는 중단해야 합니다. 세상의 가치관은 우정이나 신뢰를 중요하게 여깁니다. 인정을 귀하게 여깁니다. 그래서 관계를 끊지 못합니다. 그러나 믿지 않는 친구와 교제할 수 있는 유일한 근거는 그 사람을 전도하여 믿는 사람으로 변하게 하는 것입니다. 하나님은 빛과 어둠이 사귈 수 없다고 말씀합니다.

둘째, 믿지 않는 사람과 동업하는 것입니다. 믿지 않는 사람과 함께 사업을 하는 것은 사업 성공 여부와 상관없이 계명에 어긋나므로 죄를 짓는 것입니다. 하나님이 금한 방법으로 사업하는 것이므로 무슨 사업을 하여도 복을 받지 못합니다.

매우 좋은 조건을 갖춘 사업 파트너라도 믿지 않는 사람은 고려하지 마십시오. 동업자는 믿는 사람으로서 서로 간에 손해를 끼쳐도 사랑으로 이해할 정도가 되어야 합니다. 지금 믿지 않는 사람과 동업을 한다면 그 동업자를 주님께로 인도하십시오. 그러나 인도되지 않는다면 하나님께 기도하며 지혜를 구하여 그 동업을 중단해야 합니다. 하나님은 믿지 않는 자와 멍에를 함께 메지 말라고 하였습니다.

셋째, 믿지 않는 사람의 권위 밑으로 들어가는 것입니다. 현실에 적용하면 믿지 않는 상사나 주인 아래에서 일하는 것입니다. 회사의 상사는 권위입니다. 그에게 순종하며 잘 섬겨야 합니다. 그런데 본문에서 믿지 않는 자는 벨리알로 비유하였습니다. 사탄의 권위 아래에 있을 수는 없습니다.

믿지 않는 상사는 그의 인격이나 성품과 상관없이 믿는 부하 직원에게 부정적인 영향을 줍니다. 믿는 사람들은 직업을 찾을 때 상사가 신실한 크리스천인지 살펴야 합니다. 그러나 할 수 없이 믿지 않는 상사를 만났다면 전도하십시오. 전도되지 않으면 믿음이 좋은 직장 상사를 만날 수 있도록 하나님께 간구하십시오. 그리하면 성령이 인도합니다. 하나님은 의와 불법이 함께 할 수 없다고 말씀합니다.

넷째, 믿지 않는 자와 데이트하고 결혼하는 것입니다. 믿지 않는 자와 이성 교제를 하는 것은 잘못 된 것입니다. 믿지는 않지만 다른 매력이 있어서 사귀는 것은 경건하지 않은 생각입니다. 신실하게 믿는 사람, 거듭난 사람과 데이트하고 결혼해야 합니다.

그렇지 않으면 나귀와 함께 멍에를 멘 소처럼 그 인생이 매우 고단하게 됩니다. 결혼한 후에 전도할 것이라고 말하는 사람들이 있습니다. 그러나 성경은 결혼을 전도의 수단으로 삼으라는 말씀이 없을 뿐더러 구약의 때부터 이방인과의 결혼은 하나님께서 가장 미워하는 것 중의 하나였습니다.

믿지 않는 사람과의 여러가지 사귐 가운데도 결혼은 그 벌이 매우 크며 평생 옆구리에 가시가 될 수 있습니다. 혹시 믿지 않는 이성과 교제를 하거나 결혼을 계획하는 사람은 돌이키십시오. 믿는 사람의 배우자는 믿는 사람이어야 합니다.

잠언 31장 30절은 "고운 것도 거짓되고 아름다운 것도 헛되나 오직 여호와를 경외하는 여자는 칭찬을 받을 것이라"고 말씀합니다. 여호와를 경외하는 사람과 결혼하십시오. 하나님은 그리스도와 벨리알이 조화될 수 없다고 말씀합니다.

이상은 여러분의 삶 가운데서 믿지 않는 자와 함께하는 대표적인 몇가지의 경우입니다. 이러한 경우 외에도 여러분은 사회생활 하는 중에 세상적인 모임이나 회식, 믿지 않는 친지나 친구들의 식사 초대 같은 일을 접하게 됩니다. 이 경우에도 가장 좋은 방법은 어울리지 않는 것입니다.

두 번째 방법은 가서 전도하는 것입니다. 전도할 의지나 계획이 없다면 가지 말아야 합니다. 하나님은 믿는 자가 믿지 않는 사람들과 함께하는 것을 미워하되 아주 많이 미워합니다. 그리하여 본문 말씀은 믿지 않는 자들과 어울리는 것을 부정한 것을 만지는 것으로 표현합니다.

믿지 않는 사람들 자체를 부정한 것으로 간주하는 것입니다. 성경에는 나병 환자, 출혈이 있는 사람, 신체 결함이 심한 사람을 부정한 사람으로 인정하며 그러한 사람을 만지는 것조차도 부정한 것이라고 하였습니다. 믿지 않는 사람들은 그 외모가 아무리 반듯하고 아름다워도 모두 부정한 것입니다.

여러분이 데이트를 하는 대상이 믿지 않는 자라면 하나님이 보기에는 부정한 사람과 데이트하는 것입니다. 믿지 않는 사람의 불신앙의 영이, 세상의 영이 믿는 사람의 깨끗한 영을 오염시킵니다.

여러분은 믿지 않는 사람들로부터 따로 나와야만 하나님이 여러분의 아버지가 됩니다. 본문 말씀을 다시 보겠습니다.

“그러므로 너희는 그들 중에서 나와서 따로 있고 부정한 것을 만지지 말라 내가 너희를 영접하여”“너희에게 아버지가 되고 너희는 내게 자녀가 되리라 전능하신 주의 말씀이니라 하셨느니라”(고후 6:17-18).

예수를 믿지 않는 사람들은 믿지 않음으로 이미 심판을 받은 자들입니다. 그들은 긍휼함으로 전도를 해야 할 대상입니다. 전도를 해야할 불쌍한 영혼들과 한가로이 세상 친구나 파트너가 될 수 없습니다. 하나님은 하나님의 성전과 우상이 일치될 수 없다고 말씀합니다.

본문의 마지막 구절을 다시 보겠습니다.

"그런즉 사랑하는 자들아 이 약속을 가진 우리는 하나님을 두려워하는 가운데서 거룩함을 온전히 이루어 육과 영의 온갖 더러운 것에서 자신을 깨끗하게 하자"(고후 7:1).

하나님을 두려워하는 마음으로 믿지 않는 자들을 만나지 말라고 합니다. 만약에 여러분이 믿지 않는 자들과 함께하고 있다면 그것은 하나님을 두려워하지 않는 것이며 거룩하지 않은 것입니다. 거룩함이 없이는 주를 볼 수 없습니다. 믿지 않는 자들과 하는 교제는 여러분의 구원과 연결됩니다.

그리스도의 신부는 빛나고 깨끗한 세마포 옷을 입어야 합니다. 세상의 신부도 아름답고 흠이 없는 예복을 입는다면 그리스도의 신부된 성도들은 얼마나 더 희고 깨끗한 예복을 입어야 하겠습니까? 그런데 이 예복은 성도들의 옳은 행실을 뜻합니다. 요한계시록 19장 8절을 보겠습니다.

"그에게 빛나고 깨끗한 세마포 옷을 입도록 허락하셨으니 이 세마포 옷은 성도들의 옳은 행실이로다 하더라"(계 19:8).

그렇다면 본문 말씀을 적용할 때 성도들의 옳은 행실은 무엇을 뜻하는 것입니까? 그것은 믿지 않는 자들과 함께 하지 않는 것입니다. 믿지 않는 자와 교제하면서 거룩함을 온전하게 이룰 수 없습니다. 믿지 않는 자들과 함께 하는 것은 깨끗한 세마포 옷에 때를 묻히는 것입니다.

하나님은 사울 왕에게 아말렉을 진멸하라고 명령하였습니다. 남녀노소를 가리지 않고 갓난 아기까지 모두 죽여 멸절 시키라고 하였습니다. 이처럼 아말렉의 씨를 말리려고 하는 데는 영적인 의미가 있습니다. 조금이라도 살려 두면 그들이 이스라엘 사람들에게 자신의 신을 섬기도록 할 여지가 있기 때문입니다. 그래서 아이들까지 진멸하라고 명한 것입니다.

이스라엘 백성이 출애굽 하여 가나안으로 들어갈 때 하나님은 모세와 여호수아에게 가나안 족속들을 완전히 진멸하라고 명하였습니다. 신명기 7장 16절을 보겠습니다.

"네 하나님 여호와께서 네게 넘겨주신 모든 민족을 네 눈이 긍휼히 여기지 말고 진멸하며 그들의 신을 섬기지 말라 그것이 네게 올무가 되리라" (신 7:16).

또한 가나안 족속과 혼인하거나 서로 사귀지도 말라고 하였습니다. 그렇지 않으면 그것이 이스라엘 백성의 옆구리에 채찍이 되고 눈의 가시가 된다고 하였습니다. 그리고 가나안 족속과 함께 할 경우에 하나님은 오히려 이스라엘을 멸한다고 경고하였습니다. 여호수아 23장 12절, 13절을 보겠습니다.

"너희가 만일 돌아서서 너희 중에 남아 있는 이 민족들을 가까이 하여 더불어 혼인하며 서로 왕래하면" "확실히 알라 너희의 하나님 여호와께서 이 민족들을 너희 목전에서 다시는 쫓아내지 아니하시리니 그들이 너희에게 올무가 되며 덫이 되며 너희의 옆구리에 채찍이 되며 너희의 눈에 가시가 되어서 너희가 마침내 너희의 하나님 여호와께서 너희에게 주신 이 아름다운 땅에서 멸하리라" (수 23:12-13).

가나안 백성들이 나중에 자신들의 신에게 제사 지내고 이스라엘 백성들도 그것을 따르게 될 것을 우려한 말씀입니다. 이러한 이유로 하나님은 이스라엘 백성이 이방인과 어떠한 모양으로도 상종하고 왕래하는 것을 엄격하게 금하였습니다. 그럼에도 불구하고 이스라엘은 이 말씀에 불순종하여 여러 차례 심판을 받았습니다.

이것을 현재 여러분의 삶에 적용하면 믿지 않는 자와의 관계는 조금이라도 빈 틈을 주면 여러분의 믿음에 부정적인 영향을 주므로 철저히 관계를 갖지 말라는 의미입니다. 고린도후서 6장 14절에서 16절까지를 다시 보겠습니다.

"너희는 믿지 않는 자와 멍에를 함께 메지 말라 의와 불법이 어찌 함께 하며 빛과 어둠이 어찌 사귀며" "그리스도와 벨리알이 어찌 조화되며 믿는 자와 믿지 않는 자가 어찌 상관하며" "하나님의 성전과 우상이 어찌 일치가 되리요 우리는 살아 계신 하나님의 성전이라 이와 같이 하나님께서 이르시되 내가 그들 가운데 거하며 두루 행하여 나는 그들의 하나님이 되고 그들은 나의 백성이 되리라"(고후 6:14-16).

하나님은 이 문제를 참으로 심각하게 다룹니다. 구약의 때보다 더 강력한 명령입니다. 그럼에도 불구하고 많은 믿는 사람들은 이 문제를 가볍게 여깁니다. 구약의 이스라엘 백성이 연상됩니다.

사람들은 세상의 가치관이나 관습을 잘 따릅니다. 그 중에는 하나님의 말씀과 상충되는 것이 많음에도 무의식 중에 옳다고 판단하며 죄를 짓습니다. 믿지 않는 자와의 관계를 정립하는 것도 그 중의 하나입니다.

사람들은 믿지 않는 친구와 어울리며 그 친구는 인간성이 좋고 내가 어려울 때에 도왔기 때문에 예수를 믿지 않는 이유로 절교할 수 없다고 생각합니다. 어떤 사람은 내 친구는 예수는 안 믿어도 믿는 사람보다도 인격적으로 훌륭하다고 말하며 계속 만납니다. 어떤 사람은 자신에게 유익이 되므로 만나기도 합니다. 인정상 끊지 못하고 지내기도 합니다.

하나님이 진멸하라고 한 아말렉이나 가나안 민족 중에도 인격적으로 이스라엘 사람보다 훌륭한 사람이 없었겠습니까? 인간성 좋은 사람이 없었겠습니까? 그들을 종으로 부리면 현실적인 유익이 없었겠습니까? 인정상 생각하면 어린 아이는 죽이지 않아야 하는 것이 아니겠습니까?

그러나 모두 소용이 없다는 것입니다. 그들은 믿지 않는 이방인이기 때문에 진멸하여 상종하지 않아야 하는 것입니다. 기준은 한 가지입니다. 예수를 믿는지 여부입니다. 그 외에는 그 사람의 성품이 얼마나 훌륭한 지, 인물이 좋은 지, 학벌이 좋은 지, 키가 큰지 소용이 없으며 문제가 되지 않습니다. 소용이 있고 문제가 되는 것은 그 사람이 예수 그리스도를 믿는 믿음 안에 있냐는 것입니다.

여러분 중에 혹시 믿지 않는 사람과 어떤 모양으로도 함께 하고 사귀는 사람이 있는데 작별이 너무 아쉽고 안타깝게 느껴지는 사람이 있습니까? 예수를 믿지는 않으나 좋은 사람이고 훌륭한 친구이고 파트너이고 사랑스러운 연인이므로 헤어지기 아쉽습니까?

그렇다면 그 사람을 주께로 인도하십시오. 그 사람이 예수 믿고 구원받게 되기를 간절히 기도하며 전도하십시오. 선하신 주님이 전도를 도울 것입니다. 그럼에도 불구하고 그 사람이 복음을 받지 않는 다면 여러분은 그 사람과 결별해야 합니다.

그리고 그 사람이 언젠가 예수를 믿게 되면 다시 교제하십시오. 그렇게 하는 것이 여러분이 하나님을 두려워하는 가운데서 거룩함을 온전히 이루어 가는 것입니다. 그렇게 하는 것이 여러분의 육체와 영혼도 깨끗이 지키며 다른 영혼도 구원하는 길입니다. 그렇게 하는 것이 성령의 인도함을 받는 것입니다.

영혼을 살리는 설교 2

III
영에 속한 자

8
영에 속한 자
육에 속한 자

"너희가 육신대로 살면 반드시 죽을 것이로되 영으로써 몸의 행실을 죽이면 살리니" (로마서 8:13).

두 부류의 교인이 있습니다. 하나는 영에 속한 자이고 다른 하나는 육에 속한 자입니다. 이들의 공통점은 모두 그리스도를 주로 고백했다는 것이고 다른 점은 한 부류는 구원의 길을 가고 있으며 다른 한 부류는 멸망의 길을 걷고 있다는 것입니다.

첫 번째 아담은 땅에서 나서 육에 속한 자였습니다. 마지막 아담인 그리스도는 하늘로부터 생명을 주는 영이 되었습니다. 육에 속한 자와 영에 속한 자의 차이는 이처럼 죄의 원조인 아담과 죄 없는 예수 그리스도의 차이와 같습니다. 하늘과 땅의 차이고 천국과 지옥의 차이 입니다.

그러므로 본문 말씀은 육신대로 살면 죽을 수도 있다고 말씀하지 않습니다. 육신대로 살면 죽을지도 모른다고 표현하지 않습니다. 육신대로 살면 반드시 죽을 것이라고 말씀합니다. 육에 속한 자는 육신대로 사는 사람입니다. 육신대로 산다는 것은 육체의 소욕을 따라 육이 원하는 것을 쫓아 사는 것입니다.

사람은 육체를 입었지만 영적인 존재로 지어졌습니다. 하나님이 인간을 영적인 존재로 만든 것은 하나님이 영이기 때문입니다. 영과 육은 소통할 수 없습니다. 그러므로 육체가 원하는 대로 사는 자는 하나님과 소통이 안되며 하나님과의 관계가 끊어진 것입니다. 이런 사람은 하나님 나라를 유업으로 받지 못합니다. 고린도전서 15장 50절을 보겠습니다.

"형제들아 내가 이것을 말하노니 혈과 육은 하나님 나라를 이어받을 수 없고 또한 썩는 것은 썩지 아니하는 것을 유업으로 받지 못하느니라"(고전 15:50).

여기서 썩는 것은 육이며 썩지 않는 것은 영입니다. 썩는 것은 육에 속한 자이고 썩지 않는 것은 영에 속한 자입니다. 영에 속한 자, 하나님의 영을 쫓아 사는 자만이 하나님의 나라를 이어받을 수 있습니다. 기업은 자녀에게 물려줍니다. 하나님의 나라도 하나님의 자녀들에게만 물려줍니다. 성경은 하나님의 자녀를 다음과 같이 정의합니다. 로마서 8장 14절을 보겠습니다.

"무릇 하나님의 영으로 인도함을 받는 사람은 곧 하나님의 아들이라"(롬 8:14).

하나님의 영, 즉 성령으로 인도함을 받는 사람이 하나님의 아들이며 성령의 인도를 받는 사람은 영에 속한 자입니다. 이처럼 영에 속한 자는 하나님의 자녀로서 구원을 받으나 육에 속한 자는 반드시 죽을 것이라는 의미의 말씀은 성경의 여러 곳에서 발견됩니다. 요한복음 6장 63절을 보겠습니다.

> "살리는 것은 영이니 육은 무익하니라 내가 너희에게 이른 말은 영이요 생명이라" (요 6:63).

이 구절에도 영은 살리는 것이나 육은 무익하다고 했습니다. 육이 무익한 이유는 살리는 것이 아니기 때문입니다. 육은 죽이는 것입니다. 육에 속한 자는 반드시 죽습니다. 주님이 이르시는 말씀은 항상 영이며 생명을 살립니다.

영의 말씀을 하여도 듣는 사람이 깨닫지 못하고 육으로 반응하기도 합니다. 이런 사람은 육에 속한 사람입니다. 예수님이 영적인 말씀을 할 때 육으로 반응하는 몇 가지 경우를 살펴보겠습니다.

첫째, 마가복음 8장 15절에서 17절까지를 보겠습니다.

> "예수께서 경고하여 이르시되 삼가 바리새인들의 누룩과 헤롯의 누룩을 주의하라 하시니" "제자들이 서로 수군거리기를 이는 우리에게 떡이 없음이로다 하거늘" "예수께서 아시고 이르시되 너희가 어찌 떡이 없음으로 수군거리느냐 아직도 알지 못하며 깨닫지 못하느냐 너희 마음이 둔하냐" (막 8:15-17).

주님은 바리새인과 헤롯 왕의 위선과 죄를 누룩에 비유하여 말씀하였습니다. 그러나 제자들은 누룩이라는 단어를 통해 떡을 연상합니다. 성경에서 누룩은 죄, 위선, 거짓 등의 의미를 갖습니다. 그러나 누룩이라는 말을 통해 제자들에게 떡이 먼저 떠오른 것은 이들이 떡으로만 사는 육적인 존재임을 드러낸 것입니다. 육을 위하여 잘 먹고 싶은 생각을 하고 있다는 증거입니다.

그것을 아신 주님이 제자들을 힐책하였습니다. 단순히 말뜻을 이해하지 못한 것을 책망한 것이 아닙니다. 이들이 육에 속한 자들임이 드러나므로 안타까워한 것입니다. 주님은 죄를 말씀하는데 제자들은 떡을 말합니다. 제자들은 육에 속한 자들입니다.

둘째, 요한복음 4장 13절에서 15절까지를 보겠습니다.

"예수께서 대답하여 이르시되 이 물을 마시는 자마다 다시 목마르려니와" "내가 주는 물을 마시는 자는 영원히 목마르지 아니하리니 내가 주는 물은 그 속에서 영생하도록 솟아나는 샘물이 되리라" "여자가 이르되 주여 그런 물을 내게 주사 목마르지도 않고 또 여기 물 길으러 오지도 않게 하옵소서" (요 4:13-15).

예수님이 우물가에서 한 사마리아 여인을 만나 대화하고 있습니다. 주님은 성령을 물로 비유하여 말씀하는데 이 여인은 마시는 물로 이해합니다. 이 여인은 예수가 그리스도임을 곧 깨닫습니다. 주님의 말뜻을 이해하고 영적인 사람으로 변합니다. 그러나 지금 이 구절에서는 아직 육에 속한 자입니다.

그녀는 매일 길으러 오지 않아도 되는 물이 있다는 말에 솔깃하여 반응하였습니다. 이처럼 육에 속한 자는 자신의 육적인 욕구와 관련하여 말을 듣고 이해하려 합니다. 주님은 성령을 말씀하는데 이 여인은 마시는 물은 말합니다. 이 사마리아 여인은 육에 속한 자입니다.

셋째, 요한복음 3장 3절에서 6절까지를 보겠습니다.

"예수께서 대답하여 이르시되 진실로 진실로 네게 이르노니 사람이 거듭나지 아니하면 하나님의 나라를 볼 수 없느니라" "니고데모가 이르되 사람이 늙으면 어떻게 날 수 있사옵나이까 두 번째 모태에 들어갔다가 날 수 있사옵나이까" "예수께서 대답하시되 진실로 진실로 네게 이르노니 사람이 물과 성령으로 나지 아니하면 하나님의 나라에 들어갈 수 없느니라" "육으로 난 것은 육이요 영으로 난 것은 영이니" (요 3:3-6).

예수님이 유대인 지도자 중의 한 사람인 니고데모에게 거듭나지 않으면 하늘 나라에 들어갈 수 없다고 말씀하였습니다. 니고데모는 그 말씀을 어머니 뱃속에 다시 들어갔다가 태어나는 것으로 이해를 하였습니다.

니고데모는 백성의 지도자이며 성경을 가르치는 사람입니다. 그럼에도 거듭남의 의미를 모르고 거듭남의 단어를 통해 어머니의 배를 연상하는 것은 이 사람이 육에 속한 자라는 것을 의미합니다. 주님은 물과 성령으로 거듭남을 말하고 니고데모는 어머니의 뱃속을 말합니다. 이 사람 니고데모는 육에 속한 자입니다.

이상의 몇 가지 예처럼 육에 속한 자는 영적인 대화를 이해하지 못합니다. 영적인 말을 할 때 자신의 소욕이나 눈에 보이는 것과 연결시켜 생각하고 이해합니다. 이런 사람은 성경을 읽어도 영적인 의미를 깨닫지 못하며 자신이 보고 싶고 듣고 싶은 것만 골라 먹습니다.

지금까지는 영적인 것에 대한 반응을 예를 들어 육에 속한 자의 일반적인 특징을 살펴보았습니다. 다음은 육에 속한 자와 영에 속한 자에게 나타나는 구체적인 속성을 비교해 보겠습니다. 아울러 이러한 속성들을 여러분께 적용하여 여러분이 육신대로 사는지 영으로 몸의 행실을 죽이고 사는지를 점검하는 좋은 기회로 삼으십시오.

육신대로 사는 사람들의 특징은 첫째, 돈을 사랑합니다. 돈은 육신의 소욕을 충족시켜주고 이생의 자랑을 할 수 있도록 합니다. 그러므로 육에 속한 자의 가장 큰 특징이 돈을 사랑하고 저축하는 것으로 나타납니다.

디모데전서 6장 10절에는 "돈을 사랑함이 일만 악의 뿌리가 되나니"라고 쓰여 있으며, 야고보서 5장 3절은 "너희가 말세에 재물을 쌓아 도다"라고 경책합니다. 마태복음 6장 24절은 "너희가 하나님과 재물을 겸하여 섬기지 못하느니라"고 하였으며, 누가복음 18장 24절에는 "재물이 있는 자는 하나님나라에 들어가기가 얼마나 어려운지"라고 말씀합니다. 이처럼 돈을 사랑하는 것은 구원받지 못한 사람, 즉 육에 속한 자의 가장 큰 특징 중의 하나입니다.

둘째, 육에 속한 자는 자신을 사랑합니다. 그러므로 먹고 마시는 일과 소비하는 일 등 육체의 만족을 위한 일에 관심이 많습니다. 그것을 즐깁니다. 그러나 자신을 사랑하는 것이 죄의 본질입니다.

마태복음 16장 24절은 "나를 따라오려거든 자기를 부인하고 자기 십자가를 지고 나를 따를 것이니라"고 하였으며, 갈라디아서 2장 20절은 "내가 십자가에 못 박혔나니"라고 고백합니다. 로마서 6장 23절은 "자신을 죽은 자 가운데서 다시 살아난 자 같이 하나님께 드리며"라고 했으며, 디모데후서 2장 5절은 "자신을 하나님 앞에 드리기를 힘쓰라"고 말씀합니다. 자신을 부인하고 자신을 죽여 하나님께 드리지 않는 것은 자신을 사랑하는 것입니다. 자신을 사랑하는 것은 육신대로 사는 사람의 또 다른 특징입니다.

셋째, 육에 속한 자는 세상을 사랑합니다. TV를 사랑하고 취미 생활과 오락을 즐깁니다. 술 담배를 즐깁니다. 세상의 것을 보고 듣고 만지며 기쁨을 느낍니다.

요한일서 2장 15절에는 "이 세상이나 세상에 있는 것들을 사랑하지 말라 누구든지 세상을 사랑하면 아버지의 사랑이 그 안에 있지 아니하니"라고 쓰여 있으며, 요한복음 16장 33절은 "담대하라 내가 세상을 이겼노라"고 말씀합니다.

이처럼 세상은 극복하고 이겨야 할 대상이지 사랑할 대상이 아닙니다. 왜냐하면 그 안에는 하나님의 사랑이 없기 때문입니다. 세상을 사랑하는 것은 죄이며 육에 속한 것입니다.

넷째, 육적인 사람은 영적인 것을 사랑하지 않습니다. 육신대로 사는 사람은 영적인 것에 관심이 없습니다. 영적인 말을 이해하지 못합니다. 이들은 눈에 보이지 않는 신비한 성령의 능력을 경험한 적이 없습니다. 그러므로 신령한 행위인 기도와 금식과 성경 공부와 전도에 열정이 없습니다.

고린도전서 14장 1절에는 "사랑을 추구하며 신령한 것을 사랑하되"라고 쓰여 있으며, 고린도전서 12장 1절은 "형제들아 신령한 것에 대하여 나는 너희가 알지 못하기를 원하지 아니하노니"라고 말씀합니다. 영적인 것을 사모하고 알아야 하는 이유는 그것이 구원과 관계되기 때문입니다.

베드로전서 2장 2절은 "신령한 젖을 사모하라 이는 그로 말미암아 너희로 구원에 이르도록 자라게 하려 함이라"고 말씀합니다. 이 구절은 영적인 것을 사모하지 않는 사람은 구원에 이르도록 자라지 못한다고 말씀하는 것입니다. 이처럼 신령한 하나님의 은사를 사모하지도 받지도 않는 사람은 육에 속한 사람입니다.

이상으로 살펴본 것처럼 재물과 자신과 세상을 사랑하며 영적인 것에는 관심이 없는 사람이 육에 속한 자입니다. 반드시 죽을 수밖에 없는 육신대로 사는 사람입니다. 그럼에도 이러한 교인들은 자신이 구원받을 것으로 생각하며 믿음 생활을 하고 있습니다. 그렇다면 이처럼 육신대로 사는 교인들이 살아날 수 있는 길은 무엇일까요?

본문 말씀을 보면 답을 얻을 수가 있습니다. 본문은 "영으로써 육의 행실을 죽이면 살리니"라고 말씀합니다. 여기서 영은 하나님의 영인 성령입니다. 육의 행실을 죽여야 사는데 그 육의 행실을 죽일 수 있는 것이 성령입니다.

여기서 주목해야 할 것은 사람의 의지와 결심으로 육의 행실을 죽이라고 말하지 않는다는 것입니다. 육을 죽이는 것은 성령이 하므로 성령의 도움을 받아야 합니다.

본문의 다음 구절인 로마서 8장 14절에는 "무릇 하나님의 영으로 인도함을 받는 사람은 곧 하나님의 아들"이라고 쓰여 있습니다. 이 구절을 본문 말씀과 연결시켜 해석하면 "하나님의 영으로 인도함을 받음으로써 육의 행실을 죽이면"이라는 의미입니다. 육의 행실을 죽이는 최고의 방법이 성령의 인도를 받는 것입니다.

고린도전서 2장 15절은 "신령한 자는 모든 것을 판단하나니 자기는 아무에게도 판단을 받지 아니하느니라"고 말씀합니다. 즉 영에 속한 자들은 아무에게도 판단을 받지 않을 정도로 성령이 온전히 주장하며 인도합니다.

다음은 성령의 인도함을 받는 영적인 사람들의 특징을 살펴보겠습니다.

첫째, 영에 속한 자는 그리스도를 사랑합니다. 모든 삶을 하나님의 영광에 초점을 맞춥니다. 고린도전서 10장 31절은 "그런즉 너희가 먹든지 마시든지 무엇을 하든지 다 하나님의 영광을 위하여 하라"고 말씀합니다. 영에 속한 사람은 무엇을 하든지 주의 영광을 위하여 하며 주의 영광을 위하여 삽니다.

마태복음 6장 33절에는 "그런즉 너희는 먼저 그의 나라와 의를 구하라 그리하면 이 모든 것을 네게 더하시리라"고 쓰여 있습니다. 이처럼 영에 속한 사람은 먼저 그리스도의 나라와 의를 구합니다. 자신의 필요를 먼저 구하지 않습니다.

둘째, 영에 속한 자는 이웃을 사랑합니다. 성경에서 이웃은 옆 집이나 한 동네에 사는 사람을 의미하는 것이 아닙니다. 도움이 필요한 사람을 의미합니다. 강도 만난 사마리아 사람이 이웃입니다. 영에 속한 자는 도움이 필요한 사람, 가난한 자들을 사랑과 긍휼한 마음으로 돕습니다.

야고보서 2장 14절은 "내 형제들아 만일 사람이 믿음이 있노라 하고 행함이 없으면 무슨 유익이 있으리요 그 믿음이 능히 자기를 구원하겠느냐"고 말씀합니다. 행함은 믿음의 증거이고 열매입니다. 행함이 없는 믿음은 구원받지 못합니다. 영에 속한 자는 이웃에 대한 사랑을 행동으로 보입니다. 행동하는 믿음이 영에 속한 자의 특징 중의 하나입니다.

셋째, 영에 속한 자는 영적인 것을 사랑합니다. 요한복음 4장 24절은 "하나님은 영이시니 예배하는 자가 영과 진리로 예배할지니"라고 말씀합니다. 영에 속한 사람은 하나님을 영으로 만나 교통하고 신령과 진정으로 예배를 합니다.

고린도전서 14장 12절에는 "그러므로 너희도 영적인 것을 사모하는 자인 즉 교회의 덕을 세우기 위하여 그것이 풍성하기를 구하라"고 쓰여 있습니다. 영에 속한 자는 신령한 은사를 사모합니다. 받은 은사를 교회의 유익을 위하여 사용합니다. 그리고 신령한 행위인 기도와 금식과 성경 공부와 전도에 힘씁니다.

넷째, 영에 속한 자는 돈과 세상을 사랑하지 않습니다. 수입의 크기에 상관없이 검소하고 소박하며 단순한 삶을 삽니다. 마태복음 19장 21절은 "네 소유를 팔아 가난한 자들에게 주라"고 합니다. 영에 속한 사람은 자신의 소유를 가난한 자에게 나누어줍니다.

디모데전서 6장 8절은 "우리가 먹을 것과 입을 것이 있은 즉 족한 줄로 알 것이니라"고 말씀합니다. 영의 사람은 먹고 입는 것으로 족하며 소유한 것과 저축한 것이 없습니다. 세상의 오락을 하지 않습니다. 세상에서 기쁨을 찾지 않습니다.

다시 정리하면 영에 속한 자는 하나님을 사랑합니다. 이웃을 사랑합니다. 신령한 것을 사모합니다. 재물과 세상을 사랑하지 않습니다. 거룩한 삶을 삽니다. 날마다 자신을 쳐 복종시킵니다. 두렵고 떨림으로 구원을 이루어 갑니다. 이 사람들은 영에 속한 사람입니다. 그리스도에 속한 사람입니다. 하나님의 나라에 속한 사람입니다. 구원받은 사람입니다.

육신의 소욕을 쫓아 사는 것은 죄를 쌓는 것입니다. 이것은 사탄의 유혹입니다. 첫째 아담은 육신대로 살면 반드시 죽을 것을 알고도 미혹되었습니다. 그 후로 온 인류에 죄가 들어왔습니다. 그러나 마지막 아담인 그리스도는 영으로써 육을 죽여 다시 부활하였습니다. 그리스도는 생명을 주는 영으로 다시 사셨습니다.

육신대로 살지 않는 것의 유일한 모범은 예수 그리스도입니다. 그리스도는 사람의 모양으로 나타나 겸손히 자기를 낮추고 죽기까지 복종하여 십자가에 죽으셨습니다. 자신을 부인하고 자기 십자가를 지고 그리스도를 따르는 삶만이 하나님의 영으로 인도받는 가장 좋은 표본입니다.

여러분 모두 육신대로 살지 않고 영으로써 육의 행실을 죽여 천국에 속한 백성, 구원받는 성도가 되기를 예수 그리스도의 이름으로 축원합니다.

9
살리는 것은 영이니
육은 무익하니라

"그 때부터 그의 제자 중에서 많은 사람이 떠나가고 다시 그와
함께 다니지 아니하더라""예수께서 열두 제자에게 이르시되 너
희도 가려느냐"(요한복음 6:66-67).
"내가 처음 변명할 때에 나와 함께 한 자가 하나도 없고 다 나를
버렸으나 그들에게 허물을 돌리지 않기를 원하노라"(디모데후
서 4:16).

예수님이 기적을 일으키며 사역을 할 때에 많은 사람들이 따랐습
니다. 그들은 병든 자들이고 귀신 들린 자들이고 배고픈 자들이었습
니다. 그들은 육적인 것의 필요가 절실하였습니다. 예수님은 그들의
필요를 채워주었습니다. 예수님은 그들에게 영의 양식도 먹였고 그
들의 영혼을 구원하려고 하였습니다. 그러나 예수를 따르던 수많은
사람들이 결국 예수를 떠났습니다.

본문 첫 번째 말씀을 보겠습니다.

"그 때부터 그의 제자 중에서 많은 사람이 떠나가고 다시 그와 함께 다니
지 아니하더라""예수께서 열두 제자에게 이르시되 너희도 가려느냐"(요

6:66-67).

예수를 따르던 많은 사람들이 떠나버리자 예수님은 열두 제자들에게도 떠나려는 지 물었습니다. 열두 제자들은 떠나지 않을 것이라고 하였습니다. 그러나 그 외의 사람들은 모두 예수를 떠났습니다. 이들은 자신의 육적인 욕구가 채워져서 떠났습니다. 영적인 가르침에는 관심이 없음으로 떠났습니다.

이처럼 사람들은 영적인 것보다는 육적인 것을 더 좋아합니다. 그러므로 병을 치료하거나 떡으로 먹일 때에는 따르다가 그것이 중단되자 따르지 않았습니다. 요한복음 6장 63절을 보겠습니다.

"살리는 것은 영이니 육은 무익하니라 내가 너희에게 이른 말은 영이요 생명이라"(요 6:63).

이 구절은 예수님이 많은 사람들 앞에서 한 설교 중의 일부입니다. 예수님의 가르침을 듣기 위하여 모인 사람들은 육적인 것을 갈망하는 사람들이었습니다. 이들은 예수를 통하여 그러한 욕구를 충족해 왔던 사람들입니다. 이러한 사람들 앞에서 예수님이 육이 무익한 것이라는 설교를 하였습니다. 이 말씀 직전에는 예수의 살과 피에 대한 어려운 설교도 하였습니다.

이러한 설교를 들은 사람들은 아마도 이제 오병이어 기적이나 병 고치는 기적은 더 이상 볼 수 없을 것이라고 판단하였는지 모릅니다. 또한 설교가 너무 어려워 불만도 있었습니다. 요한복음 6장 60절을 보겠습니다.

> "제자 중 여럿이 듣고 말하되 이 말씀은 어렵도다 누가 들을 수 있느냐 한 대"(요 6:60).

이 구절은 예수님의 설교를 듣고 제자들이 한 반응입니다. 그 설교는 예수의 살을 먹고 피를 마셔야 영생한다는 내용이었습니다. 이 말씀이 어려워서 이해를 할 수 없다고 하였는데 헬라어로 보면 짜증이 난다(Skleros)는 의미가 들어 있습니다. 제자들은 이 가르침은 어렵고 짜증나서 못 듣겠다고 말한 것입니다.

그리하여 많은 사람들이 예수를 떠났습니다. 예수의 살을 먹고 피를 마셔야 영생을 얻는다는 가르침은 어려운 것입니다. 살리는 것은 영이요 육은 무익하다는 말은 귀에 거슬리는 가르침이었습니다. 그러나 이러한 가르침이야 말로 영혼을 구원하는 유익한 것임에도 사람들은 깨닫지 못하였습니다. 영적인 설교를 이해하지 못한 것입니다.

영적인 설교에는 두 가지 특징이 있습니다. 하나는 입에 쓰다는 것이고 다른 하나는 어렵다는 것입니다. 지금 소개한 예수님의 가르침이 이에 정확하게 해당되는 것입니다. 그러므로 보통의 사람들은 영적인 설교를 싫어합니다. 사람들은 눈으로 볼 수 있고 손으로 만질 수 있는 것을 좋아합니다. 달콤한 것, 쉬운 것을 좋아합니다

사람들이 영적인 것을 싫어하는 것은 예수님의 때에나 지금이나 변하지 않았습니다. 현대의 많은 설교자들이 영적인 설교를 하지 못

합니다. 근본적인 이유는 그들 안에 성령이 없기 때문입니다. 그들 안에 성령이 없는 이유는 성령을 받지 않았기 때문입니다. 하나님의 소명으로 목사가 된 것이 아니기 때문입니다.

이러한 사람들은 육에 속한 자로서 영적인 설교를 할 수 없습니다. 하고 싶어 하지도 않습니다. 영적인 설교가 무엇인지도 모릅니다. 그러나 아이러니 하게도 세상에는 이러한 목사들을 따르는 교인들이 훨씬 많습니다. 그 이유는 교인들도 육에 속한 사람들이고 육과 육은 서로 통하기 때문입니다.

많은 교인들이 영적인 설교를 싫어합니다. 그러한 설교를 하는 사람도 싫어합니다. 성령이 없는 설교를 듣기 좋아합니다. 현세에서 잘 먹고 잘 사는 말을 듣고 싶어 합니다. 고난은 없을 것이고 항상 편안하고 부유할 것이라는 말을 듣고 싶어합니다. 구원받았다고 말해주는 목사를 좋아합니다. 웃으며 친절하게 대하고 칭찬해 주는 교회를 좋아합니다. 시설이 반듯하고 조직이 잘되어 있는 교회가 마음에 끌립니다.

이러한 사실을 잘 아는 목사들은 귀에 달콤한 설교를 합니다. 조직적으로 교인들을 관리합니다. 유혹할 만한 교회 건물을 짓습니다. 이렇게 하면 실제로 교인의 수가 늘어납니다. 이들은 이것을 부흥이라고 부르며 기뻐합니다.

그러나 이것이 성령이 주는 부흥인지는 그들의 열매를 보아야 알 수 있습니다. 부흥은 거듭난 자의 수가 늘어나는 것으로 판단해야 합니다. 교인의 수가 늘어나는 것으로 판단하는 것이 아닙니다.

지금까지 사람들이 어려운 영적인 설교를 듣기 싫어하고 현세의 욕구를 채워주고 귀를 간지럽히는 설교를 듣기 좋아한다는 사실에 대하여 나누었습니다. 지금부터는 영에 속한 교회와 육에 속한 교회의 특징을 비교해보겠습니다. 우선 영에 속한 교회의 특징에 대하여 살펴보겠습니다.

첫째, 영에 속한 교회는 영적인 설교를 좋아합니다. 귀에 거슬리거나 마음에 찔리는 설교라도 유익한 것으로 이해하고 듣기를 좋아합니다. 이들은 예수님을 찾아온 니고데모처럼 진리를 갈망합니다. 이들은 우물가의 사마리아 여인처럼 갈급한 심령을 갖고 있습니다. 그리하여 참 목자에게 인도됩니다. 깊고 어려운 것을 배웁니다. 성령의 생수를 마시며 만족합니다.

둘째, 교인의 수가 매우 적습니다. 왔다가 떠나는 사람들도 많습니다. 설교를 한동안 듣고도 자신의 삶이 바뀌지 않을 때에 떠납니다. 말씀이 마음에 부딪히고 짜증이 나므로 핑계를 대고 떠납니다. 이러한 교회는 교인들이 변하든지 떠나든지 둘 중에 하나가 명확합니다.

변하지 않으면서 영적인 설교자의 설교를 계속 듣는 것은 고통스러운 일입니다. 불가능한 일입니다. 그러므로 미지근한 믿음을 가진 자들은 이러한 설교를 들으면 떠나고 마는 것입니다. 그러니 교인의 수가 많지 않습니다.

셋째, 모두 구원받는 성도들로 채워집니다. 이것은 첫째, 둘째 특징의 결과입니다. 즉 영적인 설교를 사모하며 삶이 변하는 교인들은 남아있고 변하지 않는 사람들은 떠나므로 결국 교회 안에는 모두 구원받는 성도들로 채워지는 것입니다.

이 세 가지가 영적인 교회의 대표적인 특징입니다. 가장 모범적인 교회인 초대교회의 특징과 일치합니다.

다음은 육에 속한 한국 교회의 특징을 살펴보겠습니다. 초대교회와 대비하며 설명하겠습니다.

첫째, 한국 교회는 설교가 입에 달콤합니다. 설교가 덕담입니다. 즐겁고 긍정적이고 웃을 수 있는 설교를 합니다. 예수를 믿으면 좋은 일만 있고 편안할 것이라고 말합니다. 예수 잘 믿고 헌금 많이 하면 부자가 될 수 있다고 합니다.

그러나 초대교회는 설교가 입에 씁니다. 마음에 찔리는 설교를 하였습니다. 예수를 믿는 것은 고난 받는 것이라고 가르쳤습니다. 목숨을 걸고 복음을 전하라고 설교했습니다. 재물을 팔아 가난한 자를 도우라고 했습니다.

둘째, 한국 교회는 교인의 수가 많습니다. 현대의 교회는 교인의 수를 늘리는 것이 최대의 목표입니다. 교회를 건물로 생각합니다. 많은 수가 모입니다. 헌금을 자신을 위하여 사용합니다. 교회 건물을 짓고 교회 안에 카페를 만듭니다. 하나님의 일을 빙자하여 먹고 노는 행사를 자주 합니다.

초대 교회는 교인들의 수가 적었습니다. 그들은 교인들이 거듭나서 구원받는 것이 목표였습니다. 소유를 팔아 가난한 자를 구제하는 일에 열심이었습니다. 작은 교회였습니다. 적은 수가 성도들의 집에 모여 예배 드렸습니다.

셋째, 현대의 교회에는 구원받은 자가 매우 적습니다. 육에 속한 목사의 설교를 듣는 육에 속한 교인이 구원을 받을 수 없습니다. 육체의 건강도 무엇을 먹는 지로 결정이 됩니다. 자연 식품, 건강 식품을 먹으면 건강하고 가공 식품, 유해 식품을 먹으면 병에 걸리기 쉽습니다. 단 것을 너무 많이 먹으면 이가 썩게 됩니다.

영의 양식도 마찬가지입니다. 달콤한 설교를 많이 들으면 여러분의 영이 썩게 됩니다. 가공된 진리, 유해한 설교를 먹고 있는 교인들은 결국 그 영혼이 지옥으로 가게 됩니다. 그것을 먹인 목자와 그것을 받아먹은 교인들이 함께 멸망하는 것입니다.

그러나 초대교회는 모두 구원받은 자들이었습니다. 사도행전 2장 44절에서 47절까지에 초대교회의 이러한 모습이 잘 나타납니다.

"믿는 사람이 다 함께 있어 모든 물건을 서로 통용하고" "또 재산과 소유를 팔아 각 사람의 필요를 따라 나눠 주며" "날마다 마음을 같이하여 성전에 모이기를 힘쓰고 집에서 떡을 떼며 기쁨과 순전한 마음으로 음식을 먹고" "하나님을 찬미하며 또 온 백성에게 칭송을 받으니 주께서 구원받는 사람을 날마다 더하게 하시니라"(행 2:44-47).

이 구절은 참 교회, 영적인 교회의 전형적인 모습을 보여줍니다. 마지막 구절은 날마다 구원받는 사람이 더하여 진다는 말씀으로 맺습니다. 교회는 이러해야 합니다. 교회는 구원받은 자들이 모이는 곳입니다. 구원받지 못한 자들이 왔을 때 구원받는 일이 급속하게 일어나야 하는 곳이 교회입니다. 교회가 이러한 모습이 없다면 그것은 교회가 아닙니다. 종교단체, 친목모임에 불과한 것이며 이러한 교회 안에는 구원받는 자들이 더해질 수 없습니다.

한국의 교회들이 이렇게 된 것은 참으로 안타까운 일입니다. 육에 속한 목사와 육에 속한 교인들이 서로 협력하여 악을 이룬 것입니다. 목사들도 문제이지만 진리를 가르치는 영적인 설교를 싫어하는 교인들도 문제입니다. 이 둘이 결합하는 모습은 예수님의 때에도 있었습니다. 마태복음 23장 13절과 15절을 보겠습니다.

"화 있을진저 외식하는 서기관들과 바리새인들이여 너희는 천국 문을 사람들 앞에서 닫고 너희도 들어가지 않고 들어가려 하는 자도 들어가지 못하게 하는도다" "화 있을진저 외식하는 서기관들과 바리새인들이여 너희는 교인 한 사람을 얻기 위하여 바다와 육지를 두루 다니다가 생기면 너희보다 배나 더 지옥 자식이 되게 하는도다" (마 23:13-15).

예수께서 거짓 교사인 서기관들과 바리새인들을 책망하였습니다. 이 말씀 안에는 교인들도 문제가 있음을 보여줍니다. 그 문제는 교인들이 거짓 교사들에게 속고 있다는 사실입니다. 한때는 많은 사람들이 예수님을 믿고 따랐습니다. 그러나 예수님의 가르침이 영적이고 어려우므로 결국 모두 떠났습니다. 이들은 다시 바리새인들에게 돌아간 것입니다.

사람들이 영적인 설교나 영적인 사람을 별로 좋아하지 않는 것은 바울의 예에서도 발견할 수 있습니다. 바울은 가장 근본주의적인 사역을 한 사도입니다. 근본주의적이라는 말의 의미는 성경 말씀 그대로 철저히 행하면서 가르친다는 의미입니다. 예수를 믿고 하나님을 섬기는 데 조금도 흐트러짐이 없다는 의미입니다.

바울에게도 많은 추종자들이 있었고 제자들도 있었습니다. 바울은 교회를 많이 개척하였습니다. 그러나 세월이 흘러가면서 모두 떠나고 남은 자가 거의 없었습니다. 본문 두 번째 말씀인 디모데후서 4장 16절을 보겠습니다.

"내가 처음 변명할 때에 나와 함께 한 자가 하나도 없고 다 나를 버렸으나 그들에게 허물을 돌리지 않기를 원하노라"(딤후 4:16).

디모데후서는 바울이 말년에 제자 디모데에게 유서처럼 남긴 말이며 마지막 서신입니다. 이 편지에서 바울은 처음에 함께 한 사람이 하나도 없다고 말합니다. 이들이 모두 떠난 이유도 예수님을 따르던 자들이 모두 떠나버린 이유와 같은 것입니다.

예수님은 열두 제자들을 자주 책망하며 가르쳤습니다. 사역과 삶이 예수님을 많이 닮았던 바울도 그의 제자와 성도들을 그렇게 가르쳤을 것입니다. 사람들이 오래동안 바울의 그런 엄격한 가르침을 받는 것이 쉽지 않았을 것입니다. 또한 바울의 영적인 설교와 가르침이 어렵고 부담이 되었을 것입니다.

그들은 오래동안 가난과 고난을 겪으면서 지쳤을 지도 모릅니다. 곧 오실 예수님이 오지 않음으로 낙심을 하였을 수도 있습니다. 그럼에도 불구하고 바울은 사람들에게 십자가를 지라고 가르쳤습니다. 복음을 위하여 고난을 받으라고 가르쳤습니다. 구원의 영광을 위하여 오래 참으라고 가르쳤습니다. 육으로 살면 반드시 죽을 것이라고 가르쳤습니다. 그리하였더니 모두 떠난 것입니다.

디모데후서 1장 15절을 보겠습니다.

"아시아에 있는 모든 사람이 나를 버린 이 일을 네가 아나니 그 중에는 부
겔로와 허모게네도 있느니라"(딤후 1:15).

아시아에 있는 모든 사람이 바울을 버렸습니다. 다음은 디모데후
서 4장 10절을 보겠습니다.

"데마는 이 세상을 사랑하여 나를 버리고 데살로니가로 갔고 그레스게는
갈라디아로, 디도는 달마디아로 갔고"(딤후 4:10).

데마는 세상을 사랑하여 바울을 버렸습니다. 바울의 제자인 디도
는 달마디아로 갔습니다. 바울 가까이에 있던 사람들이 거의 다 바
울을 떠났습니다. 사람들은 영에 속한 사람, 신령한 사람, 영적인 사
람을 싫어 합니다. 한때 가르침이 좋아 따르다가 마음이 변하고 믿
음이 약해지고 세상의 유혹을 이기지 못하여 떠납니다.
　그러나 문제의 핵심은 사람들이 영적인 교사를 떠나는 자체에 있
는 것은 아닙니다. 영적인 교사를 떠나는 사람들의 영혼이 결국 어떻
게 될 것인지에 대한 문제입니다. 세상에는 참 교사가 드뭅니다. 고
린도전서 4장 15절, 16절을 보겠습니다.

"그리스도 안에서 일만 스승이 있으되 아버지는 많지 아니하니 그리스도
예수 안에서 내가 복음으로써 너희를 낳았음이라" "그러므로 내가 너희

에게 권하노니 너희는 나를 본받는 자가 되라" (고전 4:15-16).

이 구절은 스승과 아버지를 구별하는 의미의 말씀이지만 동시에 참 스승과 거짓 스승에 대한 말씀이기도 합니다. 즉 세상에 많은 성경 교사가 있지만 바울처럼 모두 참 교사가 아니니 다른 교사를 본받지 말고 바울을 본받으라고 말씀합니다.

고린도후서 2장 17절을 보겠습니다.

"우리는 수많은 사람들처럼 하나님의 말씀을 혼잡하게 하지 아니하고 곧 순전함으로 하나님께 받은 것 같이 하나님 앞에서와 그리스도 안에서 말하노라" (고후 2:17).

여기서 하나님의 말씀을 혼잡하게 하는 수많은 사람들은 거짓 교사들입니다. 초대 교회 당시에도 거짓 성경 교사들이 많았다는 사실을 보여주는 말씀입니다. 바울이 자신은 그들과는 다른 참 교사라고 말하고 있습니다.

이상으로 살펴본 대로 참 목사가 희귀한 것은 초대 교회의 때나 현대에나 변하지 않았습니다. 그렇다면 여러분이 참 목자를 만나는 축복을 받았을 때에는 하나님께 감사하며 끝까지 가르침을 받는 것이 중요합니다. 이것은 단지 좋은 교사에게 좋은 가르침을 받는 것 이상의 큰 의미가 있습니다.

양들은 목자와 같은 운명입니다. 거짓 목자의 양들이 구원받을 수 없습니다. 참 목자의 양들은 구원받지 않을 수 없습니다. 그러니 여러분은 우선 참 목자 만나기를 구하고 참 목자를 만나면 그를 떠나지 마십시오. 바울을 떠난 데마처럼 되지 말고 바울의 말을 거스른 부겔로와 허모게네처럼 되지 말라는 것입니다.

그러나 여러분이 참 목자를 만나고 싶어도 구별할 수 없다면 만날 수 없습니다. 지금부터는 참 목자를 구별할 수 있는 지혜에 대하여 나누어 보겠습니다. 참 목자의 완벽한 모형은 예수 그리스도입니다. 그 다음으로는 사도 바울이 참 목자의 좋은 예라고 할 수 있습니다. 바울은 성경에 소개된 인물 중에 가장 그리스도를 닮은 삶을 살면서 사역을 한 사람입니다.

예수 그리스도와 바울은 두 가지로 가르쳤습니다. 말로 가르쳤고 삶으로 가르쳤습니다. 그들이 가르친 것은 모두 삶으로 행하였습니다. 예수님은 자신이 아무 것도 소유하지 않았으므로 사람들에게도 아무 것도 소유하지 말라고 가르쳤습니다.

바울은 자신이 고난을 받으며 복음을 전하였으므로 제자들에게도 복음을 전하며 고난을 받으라고 가르쳤습니다. 자신이 방언을 말하므로 사람들에게 방언은 신령하고 좋은 것이므로 구하여 사용하라고 했습니다.

여러분은 참 목자를 찾을 때에 예수님이나 사도 바울을 표본으로 삼아 찾으면 됩니다. 똑 같지는 않더라도 가장 비슷한 사람을 찾으면 됩니다. 찾는 요령을 말씀드리겠습니다.

첫째, 참 목사는 성경에 능통합니다. 신학 지식에 능통한 것을 말하는 것이 아닙니다. 신학 박사나 목회학 박사를 말하는 것이 아닙니다. 오히려 이러한 사람은 성경을 잘못 푸는데 탁월한 경향이 있습니다. 예수님과 바울은 성경에 능통하였습니다.

참 목사는 성경을 창세기부터 요한계시록까지 모두 알고 잘 가르치는 사람이어야 합니다. 그러므로 요한계시록을 가르치지 않는 목사는 참 목사가 아닙니다. 요한계시록을 예로 든 이유는 한국 목사들의 대부분이 요한계시록 전체를 풀어 가르치지 않기 때문입니다.

성경교사는 교인들의 어떠한 성경에 관한 질문도 바르고 정확하게 가르칠 수 있어야 합니다. 이것은 마치 수학 교사가 수학 교과서의 어떠한 내용도 학생들에게 바르게 가르칠 수 있어야 하는 것과 같이 당연한 것입니다.

예수님과 바울의 가르침을 보면 그들이 얼마나 성경 말씀에 능통하고 해석을 잘 하는 지를 알 수 있습니다. 그들은 구약 성경의 말씀을 인용하여 가르쳤습니다. 성경에 해박하지 않으면 적절한 성경 말씀을 자유 자재로 인용하여 설교할 수 없습니다.

둘째, 참 목사는 성경 말씀 그대로 행합니다. 성경 말씀 그대로 행하므로 성경 말씀 그대로 살라고 가르칠 수 있습니다. 예수님은 작은 계명 하나라도 모두 지키고 그대로 가르치라고 하였습니다. 예수님은 소유를 모두 버리고 자신을 따르라고 가르쳤고 그대로 행하였습니다. 바울은 복음을 전하면서 많은 고난을 겪었기 때문에 복음을 위하여 고난을 받으라고 가르칠 수 있었습니다.

목사가 성경 말씀 그대로 행하는 지를 가장 쉽게 구분할 수 있는 것 중에 하나가 재산을 소유하는 여부입니다. 목사가 재산이 있다면 그 사람은 다른 사항을 볼 것도 없이 참 목사는 아닙니다. 이러한 사람은 소유를 모두 팔아 가난한 자에게 주라는 성경 말씀을 행하지 않으니 가르칠 수도 없습니다.

목회 서신인 디모데전서와 디모데후서에 재물에 대한 가르침이 여러 차례 소개됩니다. 목회 서신에 돈에 대한 가르침이 많이 언급되었다는 것은 두 가지의 의미가 있습니다.

첫째, 목회자는 돈을 탐하지 말아야 한다. 둘째, 돈에 대하여 교인들에게 바르게 가르치라는 것입니다. 그러나 많은 목사들이 이와 관련하여 딜레마에 빠집니다. 왜냐하면 성경은 중요하게 말씀하는 데 자신이 그렇게 행하지 못하기 때문입니다. 자신이 행하지 못하므로 가르칠 수 없기 때문입니다.

어떤 목사들은 돈에 대하여 단순히 가르치지 못하는 것이 아니라 거꾸로 가르칩니다. 집을 사라고 가르치고 돈과 복을 같은 의미로 가르칩니다. 그러나 성경은 집을 팔라고 가르치고 돈을 사랑하는 것이 악이라고 가르칩니다.

예수 그리스도와 바울은 가르침과 행함이 일치하는 참 목자의 좋은 모범입니다. 성경에 해박한 지식을 갖고 있다는 면에서도 참 목자의 훌륭한 본이 됩니다. 이러한 모범 답안이 성경 안에 있다는 것을 깨달은 여러분은 이제 참 목사를 찾는 지혜를 갖게 되었습니다.

그럼에도 불구하고 여러분이 거룩한 삶을 살지 않고 성령의 인도함을 받지 않는다면, 아직도 육을 좇아 살고 있다면 참 목자가 찾아지지 않을 지도 모릅니다. 만나도 알아보지 못할 수도 있습니다. 만난 후에 곧 싫어 질 수도 있습니다. 그러니 참 목자를 만나기를 원한다면 먼저 여러분 스스로가 육에 속한 과거에서 영적인 사람으로 변해야 할 것입니다. 골로새서 5장 24절을 보겠습니다.

"그리스도 예수의 사람들은 육체와 함께 그 정욕과 탐심을 십자가에 못 박았느니라"(골 5:24).

이 구절도 무익한 육을 십자가에 못 박으라고 말씀합니다. 왜냐하면 살리는 것은 영이기 때문입니다. 이렇게 할 때 영적인 사람이 되는 것이며 영을 살리는 참 목자를 만날 수 있습니다.

목자이든 양이든 결국은 같은 영을 가진 자들끼리 모이게 되는 것이 영적인 원리입니다. 이러한 원리는 세상에서도 작용을 하므로 비슷한 사람끼리 모인다는 유유상종이라는 고사성어가 있고 영어에도 같은 깃털을 가진 새들끼리 모인다는 속담이 있습니다.

여러분 모두 입에 쓴 설교와 영적인 가르침으로 여러분의 영혼을 살리는 참 목자를 만나고 영에 속한 사람들과 함께 참 교회를 이루어 가기를 예수 그리스도이 이름으로 축복합니다.

10
영들이 하나님께 속하였나
분별하라

"사랑하는 자들아 영을 다 믿지 말고 오직 영들이 하나님께 속하였나 분별하라 많은 거짓 선지자가 세상에 나왔음이라" (요한일서 4:1).

보통의 사람들은 주의 종들의 영은 하나님께 속했을 것으로 믿습니다. 교인들도 자신의 교회의 목사의 영이 하나님께 속했을 것이라고 믿을 것입니다. 그러나 요한은 그렇게 무조건 믿지 말라고 합니다. 왜냐하면 그렇지 않은 거짓 주의 종들이 세상에 많이 있기 때문입니다.

본문 말씀에는 유의해야 할 중요한 한 가지가 더 있습니다. 그것은 영을 분별해야 하는 대상입니다. 여기서 분별의 대상은 보통의 사람들이 아닙니다. 이 구절은 영을 분별해야 할 사람들을 선지자들로 한정하고 있습니다. 지금의 목사들입니다.

이 구절은 신앙생활을 함께 하는 교우나 성도들의 영을 분별하라고 말씀하지 않고 여러분의 담임 목사의 영을 분별하라고 말씀하는 것입니다. 그렇게 말씀하는 이유가 무엇이겠습니까?

사람을 속여서 물질적인 손해를 입히는 자들이 있습니다. 이러한 사람을 사기꾼이라고 부릅니다. 사람들이 사기꾼에게 속는 이유는 분별을 할 수 없기 때문입니다. 믿는 사람이 미혹 받는 이유도 같은 원리입니다. 거짓 목사를 분별하지 못하기 때문입니다.

사기꾼에게 속으면 돈을 잃는 것으로 끝나지만 거짓 목사에게 속으면 영혼을 잃게 되므로 더욱 심각합니다. 그러므로 성경은 여러분의 담임 목사의 영이 하나님께 속해 있는지 분별하라고 말씀하는 것입니다.

영적 사기꾼과 일반 사기꾼의 또 다른 틀린 점은 일반 사기꾼의 숫자는 보통의 정직한 사람의 숫자에 비해 매우 적다는 것이고 영적인 사기꾼인 거짓 목사의 수는 참 목사의 수보다 훨씬 더 많다는 것입니다.

본문 말씀도 많은 거짓 선지자가 세상에 나왔다고 말씀합니다. 본문 말씀은 참 선지자 중에 간혹 거짓 선지자가 섞여 있을지 모르니 유의하라고 말씀하지 않습니다. 거짓 선지자가 너무 많으므로 잘 분별하라고 말씀합니다.

사람들이 사기꾼에게 속아 돈을 잃는 것은 크게 두 가지 이유 때문입니다. 하나는 욕심 때문이며 다른 하나는 어리석기 때문입니다. 믿는 자들이 영적으로 속는 이유도 이와 크게 다르지 않습니다. 다만 한 가지 차이점은 세상 사기꾼은 주의를 기울이면 이성적으로 분별할 수 있다는 것이고 영적인 사기꾼은 이성으로 분별할 수 없다는 것입니다. 왜냐하면 영적인 일은 영적인 것으로만 분별되기 때문입니다.

영은 사람의 지성, 이성, 감성보다 상위에 있는 개념입니다. 그러므로 지성과 이성적 판단이 아무리 뛰어나도 영적으로 속지 않는 것에는 도움이 되지 않습니다. 이것이 영적으로 속는 것의 무서운 면입니다. 또 다른 무서운 면은 이미 언급을 하였지만 세상 사기꾼에 속으면 돈을 빼앗기는 것으로 끝나지만 영적으로 속는 것은 영혼을 빼앗긴다는 사실입니다.

성경에는 미혹 받지 말라는 말씀이 상당히 많이 언급되어 있습니다. 그만큼 중요한 일이므로 강조하여 반복적으로 가르치는 것입니다. 그 중에 몇 곳을 보겠습니다.

요한일서 2장 26절, 27절을 보겠습니다.

"너희를 미혹하는 자들에 관하여 내가 이것을 너희에게 썼노라" "너희는 주께 받은 바 기름 부음이 너희 안에 거하나니 아무도 너희를 가르칠 필요가 없고 오직 그의 기름 부음이 모든 것을 너희에게 가르치며 또 참되고 거짓이 없으니 너희를 가르치신 그대로 주 안에 거하라" (요일 2:26-27).

이 구절에서 미혹하는 자들은 거짓 성경 교사들을 말하는 것입니다. 그 당시에 거짓 교사들이 너무 많으므로 그들에게 배우지 말고 성령께 직접 배우라고 당부하는 말씀입니다. 참 교사를 만나지 못하면 차라리 혼자 성경 공부하는 것이 속지 않는 방법입니다. 현재 한국 교인들에게도 응하는 말씀입니다.

마가복음 13장 5절을 보겠습니다.

"예수께서 이르시되 너희가 사람의 미혹을 받지 않도록 주의하라"(막
13:5).

이 말씀은 예수님이 마지막 때에 주의해야 할 것 중에 가장 먼저
언급한 것입니다. 여기서 미혹은 세상 사기꾼에게 속는 의미가 아닙
니다. 영적으로 속아서 지옥으로 끌려 가는 것입니다
베드로후서 3장 17절을 보겠습니다.

"그러므로 사랑하는 자들아 너희가 이것을 미리 알았은즉 무법한 자들의
미혹에 이끌려 너희가 굳센 데서 떨어질까 삼가라"(벧후 3:17).

여기서 무법한 자는 세상 법을 지키지 않는 사람이 아닙니다. 하나
님의 법을 지키지 않는 거짓 목사를 의미합니다. 이들에게 속으면 굳
세었던 믿음을 잃게 되므로 미혹 받지 말 것을 당부한 것입니다.
데살로니가후서 2장 3절을 보겠습니다.

"누가 어떻게 하여도 너희가 미혹되지 말라 먼저 배교하는 일이 있고 저
불법의 사람 곧 멸망의 아들이 나타나기 전에는 그 날이 이르지 아니하리
니"(살후 2:3).

누가 어떻게 하여도 미혹되지 말라는 표현에는 미혹하는 자들이
매우 많다는 것과 그들의 속이는 수법이 다양하다는 의미가 있습니
다. 배교하는 일이란 믿는 자들이 하나님을 배반한다는 의미인데 이

들도 미혹되어 그렇게 하는 것입니다.

이 말씀도 지금 응하고 있습니다. 1700년 전에 천주교가 이러한 배교를 시작하였고 70년 전에 설립된 WCC가 이 일의 마무리 작업을 하고 있습니다. 그러니 멸망의 아들 적그리스도가 나타날 때가 되었습니다. 여러분은 끝까지 속지 말고 믿음을 굳세게 지켜야 할 것입니다.

그러기 위하여는 우선 여러분이 섬기는 교회가 WCC에 속해 있는지 확인하고 속해 있다면 그 교회를 떠나야 합니다. 그 안에 있는 사람들은 미혹된 것이며 전세계 기독교의 4분의 3이 WCC 안에서 미혹되어 있습니다. 디모데전서 4장 1절 말씀이 응하고 있습니다.

"그러나 성령이 밝히 말씀하시기를 후일에 어떤 사람들이 믿음에서 떠나 미혹하는 영과 귀신의 가르침을 따르리라 하셨으니" (딤전 4:1).

여기서 미혹하는 영과 귀신은 불교나 힌두교나 무당을 의미하는 것이 아닙니다. 겉 모양은 예수를 믿으나 실제로는 귀신을 섬기는 천주교나 WCC에 속한 교회들과 그 외의 기독교 이단을 뜻하는 것입니다.

그렇다면 이처럼 미혹이 사방에서 몰려오는 데 어떻게 미혹 받지 않을 수 있겠습니까? 성경은 미혹 받지 않는 법에 대하여 가르치고 있습니다. 어떤 사람들이 미혹을 받게 되는 지에 대하여도 가르칩니다.

지금부터는 마지막 때에 미혹 받지 않을 지혜와 지식에 대하여 나누겠습니다. 이 설교를 듣는 모든 분들이 이 가르침대로 행하여 미혹 되지 않고 구원받기를 주님의 이름으로 축복합니다.

미혹을 받지 않으려면 미혹의 주체를 알아야 합니다. 영적으로 속여서 지옥으로 끌고 가는 자들이 누구인지를 알고 그들을 경계하면 미혹 받지 않습니다. 그러한 주체가 누구인지는 이미 언급을 하였지만 다시 한번 확인하겠습니다. 마태복음 23장 13절에서 15절까지를 보겠습니다.

> "화 있을진저 외식하는 서기관들과 바리새인들이여 너희는 천국 문을 사람들 앞에서 닫고 너희도 들어가지 않고 들어가려 하는 자도 들어가지 못하게 하는도다" "화 있을진저 외식하는 서기관들과 바리새인들이여 너희는 교인 한 사람을 얻기 위하여 바다와 육지를 두루 다니다가 생기면 너희보다 배나 더 지옥 자식이 되게 하는도다" (마 23:13-15).

예수님이 서기관과 바리새인들을 책망하였습니다. 이들은 지금의 목사, 부목사, 전도사에 해당하는 사람들입니다. 이들이 교인들을 천국에도 못 들어가게 방해하고 지옥으로 끌고 가는 자들입니다. 이러한 자들에게 화가 미칠 것을 예언하였습니다.

이 구절 말씀이 주는 교훈은 매우 간단합니다. 사람들을 미혹하여 지옥으로 끌고 가는 자들이 지금의 교회 목회자들, 설교자들이라는 것입니다. 그렇다면 얼마나 많은 한국의 목사들이 이렇게 화를 입을 거짓 목사들이겠습니까? 그것도 성경에서 힌트를 얻을 수 있습니다.

바리새인들 중에 예수를 찾아와 배운 사람은 니고데모 한 사람이 었습니다. 요한은 참 교사가 너무 없으므로 성령의 기름 부음을 의 지하여 혼자서 성경을 배우라고 말씀하였습니다. 구약의 때에도 참 선지자 엘리야 한 명에 맞선 거짓 선지자는 850명이었습니다. 본문 말씀은 거짓 선지자가 많으므로 영을 다 믿지 말고 분별하라고 말씀 하고 있습니다.

이러한 말씀들을 종합해보면 시대를 불문하고 대부분이 거짓 주 의 종들이고 참 주의 종이 매우 희귀했다는 사실을 알 수 있습니다. 따라서 여러분이 미혹 받지 않기 위하여 먼저 유념할 것은 한국 목 사들의 대부분이 미혹하는 사람들이라는 사실을 인정하는 것입니다.

더 나아가 미혹 받지 않기 위하여 가장 유의해서 분별해야 할 사 람이 여러분의 담임 목사라는 사실을 깨달아야 합니다. 이것에 동의 가 되지 않는다면 그 사람은 이미 미혹이 되었거나 앞으로 미혹될 수밖에 없는 위험한 상태에 있는 것입니다.

예수님의 시대에도 대부분의 사람들은 서기관과 바리새인들이 미 혹하는 거짓 교사들인 것을 알지 못했습니다. 오직 예수님과 세례 요 한만 그것을 분별하였습니다. 지금 한국의 교회가 같은 상황에 있습 니다. 대부분의 교인들이 거짓 목사를 분별하지 못하고 있습니다.

예수님이 서기관과 바리새인들을 책망하는 말씀을 통하여 그들이 어떠한 거짓 교사들인지 살펴보겠습니다. 마태복음 23장 1절에서 4 절까지를 보겠습니다.

"이에 예수께서 무리와 제자들에게 말씀하여 이르시되"서기관들과 바리새인들이 모세의 자리에 앉았으니" "그러므로 무엇이든지 그들이 말하는 바는 행하고 지키되 그들이 하는 행위는 본받지 말라 그들은 말만 하고 행하지 아니하며" "또 무거운 짐을 묶어 사람의 어깨에 지우되 자기는 이것을 한 손가락으로도 움직이려 하지 아니하며"(마 23:1-4).

서기관들과 바리새인들은 말만 하고 행하지 않는 자들입니다. 한국 목사들에게도 그대로 응하는 말씀입니다. 목사들이 성경을 가르치면서 자신은 성경 말씀대로 살지 않습니다. 돈을 사랑하며 음란합니다. 기도와 설교 준비에는 게으르고 다른 일로 바쁩니다. 그러니 성경을 알지 못하고 틀리게 가르칩니다.

그럼에도 불구하고 이러한 목사들은 교인의 수가 늘어나지 않고 건축 헌금이 계획대로 모이지 않으면 교인들을 탓합니다. 자신은 손가락 하나도 움직이지 않고 교인들만 괴롭히는 것입니다. 이들은 예수님이 책망한 서기관들과 바리새인들을 그대로 닮았습니다.

마태복음 23장 5절에서 7절까지를 보겠습니다.

"그들의 모든 행위를 사람에게 보이고자 하나니 곧 그 경문 띠를 넓게 하며 옷술을 길게 하고" "잔치의 윗자리와 회당의 높은 자리와" "시장에서 문안 받는 것과 사람에게 랍비라 칭함을 받는 것을 좋아하느니라"(마 23:5-7).

한국의 목사들은 교인들에게 잘 대접받는 것에 익숙해 있습니다. 늘 맛있는 것을 배부르게 먹고 다니며 상석에 앉아서 축복해주는 것을 즐깁니다. 주례도 서고 축도를 하러 다니는 일을 좋아하고 목사라고 칭함을 받기를 좋아합니다.

전도사나 장로들을 거느리고 다니기를 좋아합니다. 때로는 성직자 예복을 입고 위엄을 과시하기도 합니다. 이러한 모습도 예수님이 책망한 서기관들과 바리새인들을 그대로 닮았습니다.

마태복음 23장 23절, 24절을 보겠습니다.

"화 있을진저 외식하는 서기관들과 바리새인들이여 너희가 박하와 회향과 근채의 십일조는 드리되 율법의 더 중한 바 정의와 긍휼과 믿음은 버렸도다 그러나 이것도 행하고 저것도 버리지 말아야 할지니라" "맹인 된 인도자여 하루살이는 걸러 내고 낙타는 삼키는도다" (마 23:23-24).

목사들도 십일조를 드립니다. 그리고 교인들에게 십일조를 드리라고 가르칩니다. 그러나 이러한 목사들도 정의와 긍휼과 믿음은 없습니다. 이들이 가난한 사람들을 돕지 않는 것이 그것을 증명합니다. 교회가 가난한 자를 돕지 않는 것은 교회의 헌금 사용 내역을 보면 알 수 있습니다.

구제를 위하여 돈을 매우 인색하게 쓰는 것은 대부분의 한국 교회들이 공통적입니다. 가난한 자를 힘써 돕지 않는 것은 불의한 것입니다. 긍휼한 마음이 없는 것입니다. 믿음이 없는 것입니다. 예수님은 이러한 자를 맹인 인도자라고 하였습니다. 지금 한국의 목사들이 맹인 인도자입니다.

마태복음 23장 25절에서 28절까지를 보겠습니다.

"화 있을진저 외식하는 서기관들과 바리새인들이여 잔과 대접의 겉은 깨끗이 하되 그 안에는 탐욕과 방탕으로 가득하게 하는도다" "눈 먼 바리새인이여 너는 먼저 안을 깨끗이 하라 그리하면 겉도 깨끗하리라" "화 있을진저 외식하는 서기관들과 바리새인들이여 회칠한 무덤 같으니 겉으로는 아름답게 보이나 그 안에는 죽은 사람의 뼈와 모든 더러운 것이 가득하도다" "이와 같이 너희도 겉으로는 사람에게 옳게 보이되 안으로는 외식과 불법이 가득하도다" (마 23:25-28).

서기관들과 바리새인들의 특징 중에 하나가 위선입니다. 겉으로는 깨끗하고 옳게 보이는데 안에는 탐욕과 방탕과 불법과 더러운 것으로 가득 차 있습니다. 그러므로 안을 보지 못하는 대부분의 사람들이 속는 것입니다.

한국의 목사들도 마찬가지입니다. 늘 단정한 양복을 입고 웃으며 품격을 지키는 듯이 언행을 합니다. 교인들에게 사랑과 관심이 많은 것처럼 보입니다. 그러나 이들은 돈에 욕심이 있고 음란합니다. 성경을 바르게 가르치지 못합니다. 교인들에게 아첨하는 말을 합니다. 이들은 예수 그리스도를 섬기기 보다는 자신의 배를 섬깁니다. 겉과 속이 다른 위선자들입니다. 로마서 16장 18절을 보겠습니다.

"이같은 자들은 우리 주 그리스도를 섬기지 아니하고 다만 자기들의 배만 섬기나니 교활한 말과 아첨하는 말로 순진한 자들의 마음을 미혹하느니라" (롬 16:18).

이상으로 살펴본 대로 한국의 목사들과 예수님이 책망한 서기관들과 바리새인들은 그 행태가 동일합니다. 그들의 목적도 동일합니다. 이들이 목적하는 것은 교인들을 미혹하여 지옥으로 끌고 가는 것입니다.

지금까지 살펴본 것처럼 성경의 가르침을 잘 적용하면 거짓 목사들을 분별할 수 있습니다. 그럼에도 불구하고 많은 사람들이 거짓 목사에게 미혹 되는 이유가 무엇인지 살펴보겠습니다.

첫째, 돈을 사랑하면 미혹을 받습니다. 디모데전서 6장 10절을 보겠습니다.

"돈을 사랑함이 일만 악의 뿌리가 되나니 이것을 탐내는 자들은 미혹을 받아 믿음에서 떠나 많은 근심으로써 자기를 찔렀도다" (딤전 6:10).

돈을 사랑하는 사람은 세상 사기꾼에게도 잘 속지만 영적인 사기꾼에게도 잘 속습니다. 돈을 사랑하는 마음은 하나님 외의 것을 사랑하는 것이므로 그 자체로도 죄이지만 돈을 사랑하면 다른 죄도 짓게 됩니다.

돈에 대한 욕심은 세상법을 어기게 합니다. 편법과 불법의 유혹을 받습니다. 하나님의 법을 어기게 됩니다. 안식일을 지키지 않게 됩니다. 돈을 사랑하면 근심하고 다투게 됩니다. 돈을 사랑하면 돈을 더 벌기 위하여 일을 많이 하므로 믿음 생활을 소홀하게 됩니다. 이러한 모든 일로 인하여 돈을 사랑하는 것이 결국에는 일만 악의 뿌리가 되는 것입니다.

이러한 사람들은 마음의 탐심으로 인해 영을 분별을 할 수 없습니다. 악한 영이 좋게 보이고 좋은 영이 악하게 보입니다. 그러니 같은 탐심을 가진 거짓 목사에게 이끌려 미혹되는 것입니다.

이것을 예방하는 방법은 소유를 팔아 가난한 자에게 주고 먹고 입는 것으로 족하며 소박하고 검소한 삶을 사는 것입니다. 이것을 하지 않으면서 미혹 받지 않을 것이라고 생각하지 마십시오. 성경은 돈을 사랑함으로써 미혹을 받는다고 분명하게 말씀하고 있습니다.

둘째, 기도하며 깨어 있지 않으면 미혹 받습니다. 베드로전서 5장 8절을 보겠습니다.

"근신하라 깨어라 너희 대적 마귀가 우는 사자 같이 두루 다니며 삼킬 자를 찾나니" (벧전 5:8).

돈을 사랑하지 않는 사람일지라도 영적으로 깨어 있지 않으면 속게 됩니다. 마귀도 두루 다니며 열심히 사역을 합니다. 잘 믿는 자들까지도 속여 지옥으로 끌고 가려고 합니다. 그러므로 믿는 자들은 마귀에게 속지 않도록 힘써야 하는데 그것이 바로 근신하는 삶을 살고 기도를 많이 하는 것입니다.

근신한다는 것은 절제를 의미합니다. 의식주에 절제를 하고 모든 삶이 경건과 거룩을 지향해야 합니다. 그리고 쉬지 않고 기도해야 합니다. 성경에서 깨어 있으라고 말하는 것은 기도로 깨어 있는 것을 의미합니다. 이러한 모든 일에 열심을 내지 않으면 결국 마귀의 종인 거짓 목사에게 미혹됩니다.

셋째, 겸손하고 순종하며 감사하면 미혹 받지 않습니다. 어떤 한 자매는 자신의 교회가 WCC에 소속된 것을 확인한 후 즉시 그 교회를 떠났습니다. 이 자매는 오랫동안 속고 있었는데 성령이 나의 유튜브 설교를 통해 WCC가 사탄의 회인 것을 깨닫게 하자 즉시로 그렇게·한 것입니다. 이 일에 감사하여 나의 사역을 위해 헌금도 하였습니다. 이 자매는 매우 겸손하였습니다. 설교를 들으면 그대로 순종을 잘 합니다. 그리하여 하나님의 은혜를 입었습니다.

이 자매에 대한 이야기를 하는 이유는 하나님은 겸손하고 순종적이고 감사할 줄 아는 사람을 미혹에서 건져 준다는 것을 말씀드리려는 것입니다. 야고보서 5장 20절을 보겠습니다.

"너희가 알 것은 죄인을 미혹된 길에서 돌아서게 하는 자가 그의 영혼을 사망에서 구원할 것이며 허다한 죄를 덮을 것임이라" (약 5:20).

사람을 미혹에서 돌이키게 하는 것은 그 영혼을 사망에서 구원하는 것입니다. 지옥에 있는 자를 천국으로 데려오는 것입니다. 그러니 WCC에 속한 교회를 떠날 때에 다른 교우들에게도 권하십시오.

넷째, 영 분별의 은사가 있으면 미혹 받지 않습니다. 나는 어떤 사람이 진리의 영에 속해 있는지 미혹의 영에 속해 있는지 분별을 잘 하는 편입니다. 그것은 하나님이 나에게 영분별의 은사를 주었기 때문입니다. 이처럼 미혹 받지 않는 좋은 방법 중에 하나가 영 분별의 은사를 구하여 받는 것입니다.

영분별의 은사를 받으면 우선 스스로가 미혹을 받지 않을 뿐더러 미혹 된 다른 사람도 도와줄 수 있으므로 참으로 유익합니다. 영 분별이 성령의 은사 중에 하나인 것을 보아도 영 분별이 그만큼 중요한 것이라는 의미가 있습니다.

다섯째, 하나님께 속하면 미혹 받지 않습니다. 하나님께 속했다는 것은 하나님의 계명을 지키는 거룩한 삶을 산다는 의미입니다. 요한일서 4장 6절을 보겠습니다.

> "우리는 하나님께 속하였으니 하나님을 아는 자는 우리의 말을 듣고 하나님께 속하지 아니한 자는 우리의 말을 듣지 아니하나니 진리의 영과 미혹의 영을 이로써 아느니라" (요일 4:6).

이 구절은 영을 분별하는 다른 한 가지 방법을 말씀하고 있습니다. 요한은 예수의 제자로서, 참 주의 종으로서 자신의 말을 들으면 진리의 영이고 듣지 않으면 미혹의 영이라고 말씀합니다. 동일하게 나도 나의 설교를 듣고 성경 공부를 배운 사람들이 그 말씀을 옳게 여기고 그대로 행하면 진리의 영이고 듣지 않으면 미혹의 영으로 판단합니다.

왜냐하면 나는 하나님께 속해 있기 때문입니다. 나도 예수의 제자이고 참 주의 종으로서 요한과 같은 말을 할 수 있습니다. 여러분도 하나님께 속한 것이 분명하다면 여러분의 가르침을 듣는지 여부로 미혹의 영을 분별할 수 있습니다. 미혹의 영을 분별할 수 있다면 스스로 미혹되지는 않을 것입니다.

지금은 마지막 때이고 미혹의 영이 온 지구를 뒤 덮고 있습니다.

교회 안에도 미혹이고 교회 밖에도 미혹입니다. 인터넷과 전파를 타고도 미혹이 물결치고 있습니다. 예수님은 마지막 때에 유의할 것으로 가장 먼저 당부한 말씀이 미혹을 받지 말라는 것이었습니다. 그럼에도 불구하고 성경은 많은 사람들이 결국 미혹되어 멸망하게 될 것이라고 말씀합니다.

그러므로 미혹 받지 않도록 가르치는 이 설교는 마지막 때에 아무리 강조하여도 지나치지 않을 정도로 중요한 것입니다. 그러니 이 설교 말씀을 마음 판에 새기고 노트에도 새기고 방문에도 붙이고 이마와 손목에도 붙여서 뛰어가면서도 읽을 수 있게 하십시오. 여러분 모두 이 설교 말씀을 그대로 행하여 미혹되지 않기를 예수 그리스도의 이름으로 축복합니다.

IV
영 분별

11

영 분별의 은사를 구하라

"형제들아 신령한 것에 대하여 나는 너희가 알지 못하기를 원하지 아니하노니" (고린도전서 12:1).
"너희는 더욱 큰 은사를 사모하라 내가 또한 가장 좋은 길을 너희에게 보이리라" (고린도전서 12:31).

여러분은 신령한 것들을 사모합니까? 영적인 은사를 갈망하고 그것을 얻기를 기도합니까? 하나님은 영입니다. 하나님은 여러분의 영과 교통합니다. 영으로 말씀하고 영의 기도를 듣습니다. 하나님과 교통을 하기 위하여는 여러분이 영적인 사람이 되어야 합니다.

영적으로 되기 위하여는 신령한 은사를 받아야 합니다. 영적인 은사는 성도들의 믿음을 견고하게 하고 교회를 유익하게 합니다. 그러므로 하나님은 신령한 은사를 사모하고 구하여 받으라고 말씀합니다.

우선 본문 첫째 구절을 보면, 하나님은 사도 바울을 통하여 고린도 교회의 성도들이 신령한 것에 대하여 잘 알기를 원한다고 말씀하십니다. 본문의 표현을 그대로 빌리면 "알지 못하기를 원하지 아니하노니"라고 말합니다. 이 문장은 이중 부정으로 되어 있습니다. 이

중 부정은 강한 긍정을 의미합니다.

그러므로 이 말씀을 다르게 표현하면, 형제들아 나는 너희가 신령한 것, 즉 영적인 은사에 대해서 반드시 잘 알기를 원한다는 의미입니다. 영적인 은사에 관해서는 잘 몰라도 믿음 생활만 열심히 하면 된다고 하지 않았습니다. 은사를 너무 사모하다가 잘못될 수도 있으니 조금만 사모하라고 말하지 않습니다.

하나님은 왜 이처럼 여러분이 신령한 은사를 알고 구하여 받기를 원하는지 그 이유를 살펴보겠습니다.

첫째, 하나님은 영이므로 신령하지 않은 사람과는 소통이 되지 않습니다. 요한복음 4장 24절을 보겠습니다.

"하나님은 영이시니 예배하는 자가 영과 진리로 예배할지니라" (요 4:24).

여러분이 영으로 예배를 드리지 않으면 하나님은 그 예배를 받을 수 없습니다. 믿는 자들이 영적인 사람인지의 여부가 하나님이 그 사람의 예배를 받는 지 여부를 결정합니다.

영으로 드리는 예배는 하나님이 받는 아벨의 제사이고 그렇지 않은 예배는 하나님이 받지 않는 가인의 예배입니다. 그러므로 하나님이 여러분에게 신령해질 것과 신령한 것에 대하여 알고, 사모하고, 구하기를 당부하는 것입니다.

둘째, 신령한 은사는 여러분의 믿음을 견고하게 합니다. 로마서 1장 11절, 12절을 보겠습니다.

"내가 너희 보기를 간절히 원하는 것은 어떤 신령한 은사를 너희에게 나누어 주어 너희를 견고하게 하려 함이니" "이는 곧 내가 너희 가운데서 너희와 나의 믿음으로 말미암아 피차 안위함을 얻으려 함이라" (롬 1:11-12).

이 말씀에는 사도 바울이 로마를 방문하여 복음을 전하고 싶은 소망이 담겨 있습니다. 바울은 로마에 있는 성도들을 보기를 간절히 원합니다. 그 이유는 그들에게 신령한 은사를 주어 믿음을 강하게 하려는 것입니다.

여기에는 두 가지 포인트가 있습니다. 첫째는 성도들에게 은사를 받게 하려는 것은 하나님의 간절한 소망입니다. 둘째, 은사가 성도들의 믿음을 견고하게 합니다.

믿음은 커지기도 하고 작아 지기도 합니다. 믿음이 강한 사람도 있고 약한 사람도 있습니다. 누구에게도 믿음을 더 강하게 해주는 만큼 귀한 것은 없습니다. 왜냐하면 믿음으로 구원받기 때문입니다. 그러므로 하나님이 주는 은사를 구하여 믿음이 더욱 견고해지기를 힘써야 합니다.

셋째, 은사는 교회를 유익하게 합니다. 교회는 성도들의 모임입니다. 성도들이 지체가 되어 그리스도의 몸 된 교회를 이룹니다. 고린도전서 12장 27절을 보겠습니다.

"너희는 그리스도의 몸이요 지체의 각 부분이라" (고전 12:27).

여기서 성도가 지체가 되는 것은 육체가 모여서 교회를 이룬다는 의미가 아닙니다. 성도들이 갖고 있는 각기 다른 은사들로 교회를 세운다는 의미입니다. 성령의 은사를 가진 자들은 그 은사를 교회를 위하여 사용하고 섬길 때 교회의 한 부분을 지탱하고 있는 것입니다.

그러한 은사들은 모두 소중하며 하나님이 교회를 유익하게 하려고 준 것입니다. 사람의 몸이 여러가지 기관으로 되어 있듯이 교회도 여러가지 은사를 가진 사람들이 모입니다. 신체의 어떠한 부분도 소중하지 않은 것이 없습니다. 마찬가지로 영적인 은사도 모두 소중한 것입니다. 고린도전서 12장 20절, 21절을 보겠습니다.

> "이제 지체는 많으나 몸은 하나라" "눈이 손더러 내가 너를 쓸 데가 없다 하거나 또한 머리가 발더러 내가 너를 쓸 데가 없다 하지 못하리라"(고전 12:20-21).

또한 지체의 중요한 의미 중 하나는 동고동락한다는 것입니다. 서 있지 못할 정도로 다리가 아프다면 온 몸이 누워있어야 합니다. 그래서 성경은 만일 한 지체가 고통을 받으면 모든 지체가 고통을 받고 만일 한 지체가 영광을 얻으면 모든 지체가 함께 즐거워한다고 말씀합니다.

이상으로 영적인 은사의 필요성과 중요성에 대하여 나누었는데 다시 정리하면 첫째, 신령한 은사는 영적인 사람이 되게 합니다. 둘째, 영적인 은사는 사람들의 믿음을 견고하게 합니다. 셋째, 성령의 은사는 교회를 유익하게 합니다.

지금부터는 영적 은사의 종류와 더 크고 좋은 은사는 어떤 것이고 마지막 때에 여러분들에게 필요하고 특별히 구해야 할 은사들이 무엇인지 함께 나누겠습니다. 로마서 12장 6절에서 8절까지를 보겠습니다.

> "우리에게 주신 은혜대로 받은 은사가 각각 다르니 혹 예언이면 믿음의 분수대로" "혹 섬기는 일이면 섬기는 일로, 혹 가르치는 자면 가르치는 일로" "혹 위로하는 자면 위로하는 일로, 구제하는 자는 성실함으로, 다스리는 자는 부지런함으로, 긍휼을 베푸는 자는 즐거움으로 할 것이니라" (롬 12:6-8).

여기에는 예언, 섬김, 가르침, 위로, 구제, 다스림, 긍휼의 일곱 가지 은사가 있습니다. 다음은 고린도전서 12장 8절에서 10절까지를 보겠습니다.

> "어떤 사람에게는 성령으로 말미암아 지혜의 말씀을, 어떤 사람에게는 같은 성령을 따라 지식의 말씀을" "다른 사람에게는 같은 성령으로 믿음을, 어떤 사람에게는 한 성령으로 병 고치는 은사를" "어떤 사람에게는 능력 행함을, 어떤 사람에게는 예언함을, 어떤 사람에게는 영들 분별함을, 다른 사람에게는 각종 방언 말함을, 어떤 사람에게는 방언들 통역함을 주시나니" (고전 12:8-10).

이 구절에는 지혜, 지식, 믿음, 병 고침, 능력 행함, 예언, 영 분별, 방언, 방언 통역의 아홉 가지를 말하고 있습니다. 마지막으로 고린도전서 12장 28절을 보겠습니다.

> "하나님이 교회 중에 몇을 세우셨으니 첫째는 사도요 둘째는 선지자요 셋째는 교사요 그 다음은 능력을 행하는 자요 그 다음은 병 고치는 은사와 서로 돕는 것과 다스리는 것과 각종 방언을 말하는 것이라" (고전 12:28).

여기에는 사도, 선지자, 교사, 능력 행함, 병 고침, 돕는 것, 다스리는 것, 방언의 여덟 가지 은사를 보여줍니다. 지금까지 소개한 은사들은 중복된 것을 감안하면 모두 열 아홉 가지입니다. 하나님은 주고자 하는 선물의 명단을 성경을 통해 공개하고 있습니다. 그 종류도 매우 다양합니다.

누군가에게 선물을 줄 때에는 보통은 주는 사람이 그 선물을 결정하는 것이 세상의 통념입니다. 그러나 하늘 나라의 원칙은 세상과 다릅니다. 줄 수 있는 것을 미리 알리고 원하는 것을 고르라고 합니다. 더욱 좋은 것은 원하는 것을 양과 종류에 제한 없이 구할 수 있다는 것입니다.

그러므로 여러분은 성령의 은사를 구함에 있어서 어떠한 망설임이나 거리낌 없이 가능한 크고 많은 은사들을 구하여 받을 수 있습니다. 성령의 은사가 주는 유익들을 다시 한번 상기하면서 신령한 것들을 하나님께 구하여 받기를 주님의 이름으로 축원합니다.

살펴본 것처럼 성령의 은사의 종류가 많이 있습니다. 성경은 그 중에서 더 중요하게 여기는 은사가 있으며 더 큰 은사가 있다고 합니다. 고린도전서 14장 1절과 39절을 보겠습니다.

"사랑을 추구하며 신령한 것들을 사모하되 특별히 예언을 하려고 하라"
(고전 14:1).
"그런즉 내 형제들아 예언하기를 사모하며 방언 말하기를 금하지 말라"
(고전 14:39).

이 두 구절은 예언의 은사를 매우 중요하게 말씀하고 있습니다. 많은 신령한 것 중에서 특별히 예언을 하라고 강조합니다. 또한 예언하기를 사모하라고 말씀합니다. 성경에는 다른 은사들에 대해서는 이렇게 사모하라고 말 한 것이 없습니다.

영어 NIV성경은 더 강하게 표현되어 있습니다. 예언하기를 "Desire"하라 즉 갈망하라고 표현합니다. 이처럼 성경에서 가장 중요하게 강조하는 은사가 예언의 은사입니다. 그러므로 여러분도 예언의 은사를 사모하여 꼭 받기를 당부합니다.

성경에서 뜻하는 예언은 두 가지 의미가 있습니다. 하나는 미래에 일어날 일을 말하는 것입니다. 다른 하나는 교회와 성도들에게 유익이 되는 권면과 격려와 경고의 말을 하는 것입니다.

미래의 일을 예견하는 것은 선지자들을 통하여 많이 볼 수 있습니다. 하나님은 크고 비밀한 것을 그의 종들에게 알리지 않고 행함이 없다고 하였습니다. 하나님은 이스라엘 백성들이 죄를 범할 때 선지자들을 통해 심판을 예언하였습니다. 지금도 이러한 예언의 말씀은 은사를 받은 사람을 통하여 주어집니다. 예언이나 계시를 받은 사람은 교회에 알려 검증을 받아 성도와 교회의 유익이 되도록 해야 합니다.

권면하는 예언에 대하여는 나의 경험으로 설명하겠습니다. 나와 가끔 믿음의 교제를 하던 어떤 사람이 있었습니다. 이 사람은 손님을 많이 만나는 일을 하는데 일의 성과는 없고 손님들과 마찰이 많았습니다. 또한 직장 상사와 동료들과 관계도 좋지 않아 힘들어 했습니다. 그 사람의 기도 부탁을 받고 며칠간 기도를 하는 중에 성령의 감동으로 그 사람에게 편지로 권면의 말씀을 주었습니다.

그 내용은 대략 이렇습니다. 하루에 한 시간씩 기도하십시오. 하루에 한 시간씩 성경을 읽으십시오. 사람들이 하는 말에 신경을 쓰기보다는 하나님의 음성에 집중하십시오. 교회에서나 직장에서 믿음의 교제를 많이 하십시오. 관계가 불편한 모든 사람을 축복하십시오.

대략 이러한 내용의 권면을 글로 써 주었습니다. 이 권면의 글을 전해주는 것이 나에게 간단한 일은 아니었습니다. 왜냐하면 그 글을 받는 사람이 부정적으로 받거나 무시할 수도 있기 때문입니다. 그럼에도 불구하고 나는 성령의 감동을 따라 그러한 권면을 하였습니다. 내가 이렇게 편지로 권면한 것이 예언입니다.

그 사람은 권면의 글을 받은 후 나에게 그것을 하나님의 말씀으로 받았다고 했습니다. 그리하여 그 날부터 성경을 한 시간 읽었고 모든 것을 그대로 할 것이라고 했습니다. 며칠 후 그 사람은 모든 것이 빠르게 회복되었고 마음도 많이 편안하게 되었다고 고백하였습니다. 예언의 말씀이 다른 성도에게 유익을 준 것입니다.

죄를 지적하여 회개하라고 말하는 것도 예언입니다. 하나님은 예언의 은사를 받은 사람에게 다른 사람의 죄를 보여줍니다. 그리고 그 사람에게 회개하라는 말을 전하라는 감동을 줍니다. 나는 어느 교회의 목사에게 그의 죄를 지적하고 회개할 것과 성도들에게 그 목사가 거짓 목사임으로 깨어 기도할 것을 편지와 이메일로 보낸 적이 있었습니다. 이것도 예언입니다.

성령의 감동으로 한 것입니다. 그 목사는 목이 곧아 회개하지 않았지만 성도들 중에는 그 편지를 하나님의 말씀으로 받은 사람과 그 편지로 인해 깨어나게 되었다고 고백한 성도들이 있었습니다. 이처럼 예언은 성도들을 유익하게 합니다. 그러므로 예언의 은사를 받은 사람은 그 은사를 사용해야 합니다.

성경은 예언을 멸시하지 말라고 했습니다. 멸시하지 말라는 것은 두 가지의 의미가 있습니다. 첫째, 하나님으로부터 예언을 받은 사람을 그 예언을 반드시 해야 합니다. 둘째, 그 예언의 말을 들은 사람은 그 예언의 말씀에 순종해야 합니다.

상대방이나 주변의 눈치를 보지 않고 성령의 감동에 순종하는 것이 중요합니다. 내가 그 교회와 목사에게 편지를 보낼 때에 한동안 기도하며 준비하였습니다. 큰 영적 부담감이 있었습니다. 그러나 결국 순종하였습니다. 순종 후에는 기쁨이 있었습니다.

다시 고린도전서 14장 1절 말씀을 보겠습니다.

"사랑을 추구하며 신령한 것들을 사모하되 특별히 예언을 하려고 하라"
(고전 14:1).

이 말씀을 짧게 줄이면 사랑을 추구하며 예언하라는 것입니다. 사랑을 추구하는 것과 예언하는 것이 밀접하게 관련이 되어 있습니다.

예언은 사랑의 표현이며 성도와 교회에 대한 사랑이 없이는 할 수 없다는 의미입니다. 그러므로 예언의 은사를 받을 때에는 영혼을 지극히 사랑하는 마음도 함께 옵니다.

옛 선지자들이 죽음을 무릅쓰고 예언을 한 것도 이스라엘 백성을 사랑했기 때문입니다. 내가 권면의 글을 보낸 것도 그 사람의 영혼이 불쌍해서 사랑하는 마음에서 한 것입니다. 그 교회에 회개의 편지를 보낸 것도 그 교회의 목사와 성도들을 사랑하는 마음이 있었기 때문입니다. 사랑하는 마음은 성령이 주는 것입니다.

이상으로 많은 은사들 중에서 예언의 은사가 가장 중요한 이유와 예언의 은사의 두 가지 다른 의미에 대해서 살펴보았습니다. 이제는 성경이 말하는 더욱 큰 은사에 대하여 나누어 보겠습니다. 고린도전서 12장 28절에서 31절까지를 보겠습니다.

"하나님이 교회 중에 몇을 세우셨으니 첫째는 사도요 둘째는 선지자요 셋째는 교사요 그 다음은 능력을 행하는 자요 그 다음은 병 고치는 은사와 서로 돕는 것과 다스리는 것과 각종 방언을 말하는 것이라" "다 사도이겠느냐 다 선지자이겠느냐 다 교사이겠느냐 다 능력을 행하는 자이겠느냐" "다 병 고치는 은사를 가진 자이겠느냐 다 방언을 말하는 자이겠느냐 다 통역하는 자이겠느냐" "너희는 더욱 큰 은사를 사모하라 내가 또한 가장 좋은 길을 너희에게 보이리라" (고전 12:28-31).

이 구절에는 세 가지의 포인트가 있습니다. 첫째, 교회에는 각기 다른 은사를 가진 사람들로 다양하게 구성이 된다. 둘째, 교회의 표준적인 은사 구성 요소를 보여준다. 셋째, 상대적으로 큰 은사와 작은 은사가 있다는 것입니다.

하나님은 교회를 세우면 성도들에게 각종 은사들을 필요에 맞게 골고루 줍니다. 그리하여 건강한 교회가 되게 합니다. 이 구절은 은사를 말하면서 첫째, 둘째, 셋째 등 순서를 정하고 있습니다. 이것이 바로 더 큰 은사가 있다는 것을 보여주는 것입니다. 이 구절의 마지막 부분에는 더욱 큰 은사를 사모하라고 말씀합니다. 여러분은 본문에 나와 있는 은사의 순서를 참고하여 더욱 큰 은사들을 사모하여 구하기 바랍니다.

모든 은사들이 좋으며 유익하므로 받아서 사용하기에 주저하지 말아야 하겠지만 마지막 때에 받아야 할 특별히 중요한 은사가 하나 있습니다. 그것은 영 분별의 은사입니다. 영 분별이 쉽지 않습니다. 신앙 생활을 오래 했다고 영 분별을 더 잘하는 것이 아닙니다. 믿음이 크다고 영 분별을 잘 할 수 있는 것도 아닙니다. 목사라고 영 분별을 더 잘 하는 것이 아닙니다. 왜냐하면 영 분별은 하나님이 주는 은사이기 때문입니다.

요한일서 4장 1절을 보겠습니다.

"사랑하는 자들아 영을 다 믿지 말고 오직 영들이 하나님께 속하였나 분별하라 많은 거짓 선지자가 세상에 나왔음이라" (요일 4:1).

이 구절의 말씀대로 거짓 목사가 세상에 너무 많이 나와 있습니다. 그들의 영을 시험해 보기 전에는 믿지 말아야 합니다. 영을 잘 시험

할 수 있게 하는 능력이 영 분별의 은사 입니다. 마태복음 24장 24절 보겠습니다.

> "거짓 그리스도들과 거짓 선지자들이 일어나 큰 표적과 기사를 보여 할 수만 있으면 택하신 자들도 미혹하리라" (마 24:24).

이 말씀처럼 이미 많은 믿는 자들이 거짓 목사들에게 미혹 되어 있습니다. 그러나 이들은 자신이 미혹 되어 있는지 모릅니다. 미혹이 무서운 것은 미혹하는 자도 미혹 당하는 자도 그것이 미혹인지 모른다는 것입니다.

이들은 자신이 잘 믿고 있으며 구원받았다고 생각하며 믿음 생활을 합니다. 이들이 이렇게 된 것은 영 분별을 하지 못하기 때문입니다. 마지막 때에는 영 분별을 잘 할 수 없으면 미혹됩니다. 미혹 받아 멸망하지 않으려면 영 분별의 은사가 필요합니다.

사탄의 종들도 광명의 천사로 가장을 함으로 구별이 어렵습니다. 가짜 목사도 예수의 피, 십자가, 성령 충만, 전도, 선교, 기도에 대하여 열심으로 말합니다. 그러나 그들의 감추어진 삶은 예수를 부인합니다. 거룩한 삶을 살지 않습니다. 무엇보다 열매가 없습니다.

그럼에도 불구하고 교인들은 이들이 거짓 목사인지 분간을 못합니다. 자신이 섬기는 교회의 목사이므로 추종합니다. 여러분이 관계하는 어떤 목사도 영을 테스트 해보기 전에는 믿지 마십시오. 영 분별의 은사가 필요합니다.

하나님이 주는 은사는 어느 것도 귀합니다. 그러므로 사모하여 받으십시오. 그러나 마지막 때에 교회도 살리고 나도 살려면 특별히 예언의 은사와 영분별의 은사가 중요합니다. 이 두 은사를 반드시 구하여 받기를 예수 그리스도의 이름으로 축복합니다.

12
영적인 일은
영적인 것으로 분별

"우리가 이것을 말하거니와 사람의 지혜가 가르친 말로 아니하고 오직 성령께서 가르치신 것으로 하니 영적인 일은 영적인 것으로 분별하느니라""육에 속한 사람은 하나님의 성령의 일들을 받지 아니하나니 이는 그것들이 그에게는 어리석게 보임이요, 또 그는 그것들을 알 수도 없나니 그러한 일은 영적으로 분별되기 때문이라""신령한 자는 모든 것을 판단하나 자기는 아무에게도 판단을 받지 아니하느니라" (고린도전서 2:13-15).

성경은 세상이 눈에 보이지 않는 것으로 돌아간다고 말씀합니다. 히브리서 11장 3절을 보겠습니다.

"믿음으로 모든 세계가 하나님의 말씀으로 지어진 줄을 우리가 아나니 보이는 것은 나타난 것으로 말미암아 된 것이 아니니라" (히 11:3).

여기서 눈에 보이지 않는 것, 나타나지 않은 것은 영입니다. 모든 세계는 하나님의 영으로 창조되었습니다. 창세기 1장 1절에서 3절까지를 보겠습니다.

"태초에 하나님이 천지를 창조하시니라" "땅이 혼돈하고 공허하며 흑암이 깊음 위에 있고 하나님의 영은 수면 위에 운행하시니라" "하나님이 이르시되 빛이 있으라 하시니 빛이 있었고" (창 1:1-2).

이 말씀은 구약 성경의 첫 구절로 하나님이 천지 창조를 시작하는 장면입니다. 수면 위를 운행하는 하나님의 영이 세상을 창조하는 것입니다. 이처럼 세상은 눈에 보이지 않는 것으로 창조되었습니다.
고린도전서 2장 9절, 10절을 보겠습니다.

"기록된 바 하나님이 자기를 사랑하는 자들을 위하여 예비하신 모든 것은 눈으로 보지 못하고 귀로 듣지 못하고 사람의 마음으로 생각하지도 못하였다 함과 같으니라" "오직 하나님이 성령으로 이것을 우리에게 보이셨으니 성령은 모든 것 곧 하나님의 깊은 것까지도 통달하시느니라" (고전 2:9-10).

이 구절도 하나님의 귀한 것은 눈으로 볼 수 없고 오직 성령으로만 볼 수 있다고 말씀합니다. 그러나 하나님을 믿지 않는 자들은 눈에 보이는 것이 전부인 줄로 압니다. 세상이 눈에 보이는 것으로 돌아간다고 여깁니다. 이들은 보아야 믿고 보지 못하면 믿지 않습니다. 그러므로 눈에 보이지 않는 하나님을 믿지 않고 귀에 들리지 않는 성령을 믿지 않습니다. 히브리서 11장 1절은 믿음에 대하여 정의를 하고 있습니다.

"믿음은 바라는 것들의 실상이요 보이지 않는 것들의 증거니" "선진들이 이로써 증거를 얻었느니라" (히 11:1-2).

이 구절은 눈에 보이지 않아도 바라기만 하면 실상으로 있다고 합니다. 보이지 않는 것도 존재한다고 말씀합니다. 그런데 이러한 것이 사실이라는 증거를 믿음의 선진들은 이미 경험하였습니다. 이러한 믿음의 선배들은 영적인 사람들이었습니다. 왜냐하면 보이지 않은 영을 믿고 증거까지 얻었기 때문입니다.

본문 구절은 영적인 것의 중요성과 신령한 자의 위상에 대하여 말씀합니다. 영적인 일은 영적인 것으로 분별한다고 말씀합니다. 그렇다면 영적인 일은 구체적으로 어떤 것이겠습니까? 가장 기본적인 영적인 일은 예수를 구세주로 믿는 것입니다. 고린도전서 12장 3절을 보겠습니다.

"그러므로 내가 너희에게 알리노니 하나님의 영으로 말하는 자는 누구든지 예수를 저주할 자라 하지 아니하고 또 성령으로 아니하고는 누구든지 예수를 주시라 할 수 없느니라" (고전 12:3).

이 구절은 성령의 감동이 없이는 아무도 예수를 주님으로 믿을 수 없다고 말씀합니다. 그러므로 사람들은 예수를 믿기 시작을 할 때에 처음으로 영적인 것을 경험하는 것입니다. 예수를 믿으면 영적인 일을 계속 경험할 수 있습니다.

그 중에 하나가 성경이 이해되는 것입니다. 성경 외의 모든 책과 학문은 사람의 이성과 지식으로 이해할 수 있습니다. 그러나 성경은 성령의 조명이 없이는 이해할 수 없습니다. 그러니 성경을 읽을 때 이해가 된다면 그것은 신령한 경험을 하는 것입니다.

그 외에도 영적인 일이 많이 있습니다. 이러한 영적인 일은 성령으로 세례를 받으면 단기간에 많은 체험을 할 수 있습니다. 방언을 말하는 것과 방언으로 찬양하는 것, 꿈과 환상을 통하여 하나님의 계시를 보는 것도 신령한 경험입니다. 여러가지 성령의 은사를 받음으로 경험할 수도 있습니다. 고린도전서 14장 2절과 15절을 보겠습니다.

"방언을 말하는 자는 사람에게 하지 아니하고 하나님께 하나니 이는 알아듣는 자가 없고 영으로 비밀을 말함이라" (고전 14:2).
"그러면 어떻게 할까 내가 영으로 기도하고 또 마음으로 기도하며 내가 영으로 찬송하고 또 마음으로 찬송하리라" (고전 14:15).

방언은 영으로 비밀을 말하며 기도하는 것입니다. 방언으로 찬양하는 것은 영으로 찬양하는 것입니다. 방언을 하는 사람들은 신령한 사람들입니다. 믿는 자들은 이러한 영적인 일을 경험하는 것이 당연합니다.

그러나 믿는 사람들 중에도 영적인 것을 알지 못하고 경험하지 못하는 사람도 있습니다. 그러한 사람들은 신령한 것을 사모하여 구해야 할 것입니다. 고린도전서 12장 1절과 고린도전서 14장 12절을 보겠습니다.

"형제들아 신령한 것에 대하여 나는 너희가 알지 못하기를 원하지 아니하노니" (고전 12:1).
"그러므로 너희도 영적인 것을 사모하는 자인즉 교회의 덕을 세우기 위하
여 그것이 풍성하기를 구하라" (고전 14:12).

이 두 구절은 신령한 것에 대하여 반드시 알 것과 영적인 것을 사
모하여 구하라고 말씀합니다. 그리하여 교회 안에 영적인 것이 풍성
하도록 하라고 합니다. 이 말씀은 영적이고 신령한 것의 중요성을 매
우 강조하고 있습니다. 그 이유는 하나님과 교통을 할 수 있기 때문
입니다. 요한복음 4장 24절을 보겠습니다.

"하나님은 영이시니 예배하는 자가 영과 진리로 예배할지니라" (요 4:24).

이 구절은 하나님께 예배하는 방법과 예배자의 자격을 말씀합니
다. 성령 안에서 예배하고 진리대로 행하며 예배하라는 것입니다. 즉
예배는 신령하고 거룩한 자들이 드리는 것입니다. 하나님은 영이므
로 신령한 자들과 소통이 됩니다. 하나님은 거룩하므로 거룩한 자의
예배만 받으십니다.
이상으로 영적인 것의 의미와 믿는 자들이 왜 영적이어야 하고 신
령한 것을 사모해야 하는지 살펴보았습니다. 지금부터는 육적인 것
과 육에 속한 자에 대한 의미를 살펴보겠습니다. 본문 말씀 중 고린
도전서 2장 14절을 보겠습니다.

"육에 속한 사람은 하나님의 성령의 일들을 받지 아니하나니 이는 그것들

이 그에게는 어리석게 보임이요, 또 그는 그것들을 알 수도 없나니 그러한 일은 영적으로 분별되기 때문이라" (고전 2:14).

육에 속한 사람은 영적인 사람과 반대되는 사람입니다. 이들의 특징은 성령의 일을 받지 않는 것입니다. 육에 속한 사람은 영적인 것을 믿지도 않습니다. 이해하지도 못합니다. 관심도 없습니다. 영이라는 말을 싫어합니다. 눈에 보이지 않고 손으로 만질 수도 없는 영을 말하는 사람을 어리석게 여깁니다.

하나님을 믿지 않는 모든 사람들이 이에 속합니다. 그러나 믿는 사람들 중에도 이러한 사람들이 많습니다. 그러므로 교인들 간에도 믿음의 대화가 통하지 않는 경우가 있습니다. 영적인 교인과 육에 속한 교인 간에는 적절하게 소통이 되지 않습니다. 그러므로 교회 안에도 같은 부류의 사람들끼리 교제합니다.

교회 안에서 분란이 일어나기도 합니다. 분란의 원인이 목사인 경우도 있습니다. 목사를 지지하는 교인들과 장로들을 지지하는 사람들이 나뉘어 분쟁을 합니다. 그들이 무슨 이유로 분쟁을 하든지 그들은 육에 속한 자들입니다. 유다서 1장 19절을 보겠습니다.

"이 사람들은 분열을 일으키는 자며 육에 속한 자며 성령이 없는 자니라" (유 1:19).

교회에 분열이 있다는 사실은 교인들 중에도 육에 속한 자들이 있다는 것을 증명하는 것입니다.

영에 속한 사람과 육에 속한 사람의 대화를 성경에서 보겠습니다. 마태복음 16장 6절, 7절과 11절, 12절을 보겠습니다.

"예수께서 이르시되 삼가 바리새인과 사두개인들의 누룩을 주의하라 하시니" "제자들이 서로 논의하여 이르되 우리가 떡을 가져오지 아니하였도다 하거늘" (마 16:6-7).
"어찌 내 말한 것이 떡에 관함이 아닌 줄을 깨닫지 못하느냐 오직 바리새인과 사두개인들의 누룩을 주의하라 하시니" "그제서야 제자들이 떡의 누룩이 아니요 바리새인과 사두개인들의 교훈을 삼가라고 말씀하신 줄을 깨달으니라" (마 16:11-12).

예수님이 바리새인들의 거짓과 위선을 누룩에 비유하여 말씀을 하자 제자들은 빵에 대하여 말씀하는 것으로 이해하였습니다. 제자들이 예수님의 말씀을 이렇게 이해한 이유는 제자들이 육에 속한 자들이기 때문입니다.

다른 예를 하나 더 보겠습니다. 요한복음 3장 3절에서 5절까지를 보겠습니다.

"예수께서 대답하여 이르시되 진실로 진실로 네게 이르노니 사람이 거듭나지 아니하면 하나님의 나라를 볼 수 없느니라" "니고데모가 이르되 사람이 늙으면 어떻게 날 수 있사옵나이까 두 번째 모태에 들어갔다가 날 수 있사옵나이까" "예수께서 대답하시되 진실로 진실로 네게 이르노니 사람이 물과 성령으로 나지 아니하면 하나님의 나라에 들어갈 수 없느니라"

(요 3:3-5).

예수님은 사람이 물과 성령으로 거듭나는 것을 말씀하는데 니고데모는 모태에서 다시 태어나는 것이냐고 묻습니다. 이처럼 영적인 사람과 육에 속한 사람은 대화가 되지 않습니다.

다음은 육적인 것의 의미에 대하여 살펴보겠습니다. 육적인 것의 의미는 크게 두가지입니다. 영적인 것 외의 모든 물질이 육적인 것입니다. 이것은 부정적인 의미는 아닙니다. 로마서 15장 27절을 보겠습니다.

"저희가 기뻐서 하였거니와 또한 저희는 그들에게 빚진 자니 만일 이방인들이 그들의 영적인 것을 나눠 가졌으면 육적인 것으로 그들을 섬기는 것이 마땅하니라" (롬 15:27).

이방인들이 이스라엘 사람들에게 영적으로 빚을 졌으니 육적인 것으로 갚으라고 합니다. 여기서 육적인 것은 물질을 의미합니다. 물질도 사람이 살아가는 데 필요한 것이고 좋은 것입니다. 다음은 고린도전서 9장 11절을 보겠습니다.

"우리가 너희에게 신령한 것을 뿌렸은즉 너희의 육적인 것을 거두기로 과하다 하겠느냐" (고전 9:11).

주의 종들이 말씀을 전하고 가르칠 때에 그들의 생활에 필요한 물질을 받는 것이 합당하다는 말씀입니다. 여기서도 육적인 것은 물질의 의미로 사용되었는데 부정적인 의미가 아닙니다.

그러나 육적이라는 단어로 사람을 수식하면 부정적인 의미가 됩니다. 예를 들어 "그 사람은 육적이다"고 하면 육에 속한 자라는 의미로서 부정적인 의미입니다.

요한복음 6장 63절을 보겠습니다.

"살리는 것은 영이니 육은 무익하니라 내가 너희에게 이른 말은 영이요 생명이라" (요 6:63).

예수님이 육은 무익하다고 단정적으로 표현하였습니다. 그렇다면 물질적인 것이 모두 무익한 것이라는 의미로 한 말씀이겠습니까? 그렇지 않습니다. 이 말씀은 영생을 위하여서는 육적인 것이 무익하다는 뜻입니다. 여러분의 영혼을 살리는 것은 성령입니다. 빵과 고기가 아닙니다. 그러니 재물을 쫓지 말고 영생이 있는 예수의 말씀을 쫓을 것을 강조한 것입니다.

이처럼 성경은 육적인 것에 욕심을 내지 말고 영적인 것을 추구하라고 계속 가르칩니다. 영적인 사람이 되라는 것입니다. 성령을 쫓아 살라는 것입니다. 그렇지 않으면 죽는다고 말씀합니다. 로마서 8장 13절, 14절을 보겠습니다.

"너희가 육신대로 살면 반드시 죽을 것이로되 영으로써 몸의 행실을 죽이면 살리니" "무릇 하나님의 영으로 인도함을 받는 사람은 곧 하나님의 아들이라" (롬 8:13-14).

육에 속한 자가 되느냐 영적인 사람이 되느냐는 궁극적으로 마귀의 자식이 되느냐 하나님의 자녀가 되느냐는 문제입니다. 지옥을 가느냐 천국을 가느냐는 문제로 귀결이 됩니다.

데살로니가후서 2장 2절을 보겠습니다.

> "영으로나 또는 말로나 또는 우리에게서 받았다 하는 편지로나 주의 날이 이르렀다고 해서 쉽게 마음이 흔들리거나 두려워하거나 하지 말아야 한다는 것이라" (살후 2:2).

여기서 주의 날은 마지막 심판의 때를 의미합니다. 마지막 심판에 대한 계시는 영적인 사람에게 주어집니다. 영적인 사람을 통하여 말로나 글로 다른 사람에게 전해질 수 있습니다. 육에 속한 자는 심판에 대한 계시를 직접 들을 수 없습니다. 이는 마치 비상시에 사이렌 소리나 경고 방송을 듣지 못하는 것과 같이 안타까운 일입니다.

그러나 이러한 사람도 다른 사람에게서 말로나 글로 받아 알 수는 있습니다. 신령한 교회 안에 속하여 참 주의 종에게 배우고 있다면 이러한 일이 가능할 것입니다. 그러나 스스로 영적인 사람이 되는 것이 최선입니다.

지금은 마지막 때입니다. 마지막 때에 대한 하나님의 음성을 듣는 것의 중요성은 아무리 강조하여도 지나치지 않습니다. 스가랴 4장 6절을 보겠습니다.

"그가 내게 대답하여 이르되 여호와께서 스룹바벨에게 하신 말씀이 이러하니라 만군의 여호와께서 말씀하시되 이는 힘으로 되지 아니하며 능력으로 되지 아니하고 오직 나의 영으로 되느니라"(슥 4:6).

마지막 때에 관한 계시는 사람의 힘이나 능력으로 받을 수 없습니다. 오직 하나님의 영으로만 가능합니다. 그러니 여러분이 영적인 사람, 신령한 사람이 되는 것의 중요성은 마지막 때 준비의 중요성과 같은 것입니다.

신령한 사람이 되기 위하여 두 가지를 이미 말씀드렸습니다. 그것은 성령을 받는 것과 성경을 열심히 공부하는 것입니다. 거기에 마지막으로 하나를 더하려고 합니다. 그것은 절제에 관한 것입니다. 로마서 8장 13절을 보겠습니다.

"너희가 육신대로 살면 반드시 죽을 것이로되 영으로써 몸의 행실을 죽이면 살리니"(롬 8:13).

육을 죽임으로 신령해질 수 있습니다. 육적인 모든 탐심과 정욕을 절제함으로써 영을 살릴 수 있고 영적인 사람이 될 수 있습니다. 육과 영은 서로 대립합니다. 육의 행실을 죽이면 영이 사는 것입니다. 베드로전서 3장 18절을 보겠습니다.

"그리스도께서도 단번에 죄를 위하여 죽으사 의인으로서 불의한 자를 대신하셨으니 이는 우리를 하나님 앞으로 인도하려 하심이라 육체로는 죽임을 당하시고 영으로는 살리심을 받으셨으니" (벧전 3:18).

이 구절에서 주목하려는 것은 "육체로는 죽임을 당하시고 영으로는 살리심을 받으셨으니"라는 부분입니다.

육을 절제하면 영은 좋아하고 육은 싫어합니다. 그러나 육신의 소욕대로 하면 육은 좋아하나 영은 싫어 합니다. 영과 육이 서로 싸우는데 영이 이겨야 합니다. 영이 이기는 방법은 육체가 죽는 것입니다. 이럴 때에 여러분은 그리스도처럼 영이 살게 되고 영적인 사람이 되는 것입니다.

여러분이 영적인 사람이 될 때에 그 위상이 변합니다. 엄청나게 높아집니다. 본문 마지막 구절이 그렇게 말씀합니다.

"신령한 자는 모든 것을 판단하나 자기는 아무에게도 판단을 받지 아니하느니라" (고린도전서 2:15).

이것은 교만해지는 의미의 말씀이 아닙니다. 이러한 변화는 하나님이 인정하는 것입니다. 실제로 그렇게 되는 것입니다. 신령한 자는 하나님이 주는 지혜와 총명으로 모든 것을 능히 판단할 수 있습니다. 그러므로 영적인 주의 종은 양들을 인도할 수 있는 것입니다. 양들에게 각기 다른 적용과 예언의 말씀을 줄 수 있습니다.

신령한 주의 종을 판단하는 사람들이 있습니다. 모세에게 대항한 무리들과 예수께 대항한 자들이 좋은 예입니다. 그들의 판단은 틀린 것이었습니다. 모세와 그리스도는 모든 것을 판단하나 아무에게도 판단을 받지 않는 좋은 모본입니다.

판단 받지 않는 또 다른 한 사람이 있습니다. 바울은 아무도 자신을 판단할 수 없다는 의미로 말한 적이 있습니다. 고린도전서 4장 3절을 보겠습니다.

> "너희에게나 다른 사람에게나 판단 받는 것이 내게는 매우 작은 일이라 나도 나를 판단하지 아니하노니" (고전 4:3).

바울이 다른 사람에게 판단 받는 것이 작은 일이라고 말한 것은 아무도 자신을 판단할 수 없다는 의미를 완곡하게 표현한 것입니다. 자신도 자신을 판단하지 않는다고 말한 것은 자신이 아무에게도 판단 받지 않는 것을 강조한 것입니다. 바울은 신령한 사람이 아무에게도 판단 받지 않는다는 것을 자신에게도 적용한 것입니다.

영적인 사람이 된다는 것은 이처럼 귀한 일입니다. 여러분이 영적일 때 하나님과 소통합니다. 예배가 열납됩니다. 하나님의 음성을 들을 수 있습니다. 아무에게도 판단 받지 않습니다. 모든 것을 판단할 수 있습니다. 영을 분별할 수 있습니다.

그러니 이제 여러분은 성령을 받으십시오. 주야로 성경을 묵상하고 쉬지 말고 기도하십시오. 탐심과 정욕을 절제하십시오. 거룩한 삶을 사십시오. 그리하여 여러분 모두 모든 것을 판단하되 아무에게도 판단 받지 않는 신령한 사람이 되기를 우리 주 예수 그리스도의 이름으로 축복합니다.

13
영으로 분별하는 한국 정치

"우리가 이것을 말하거니와 사람의 지혜가 가르친 말로 아니하고 오직 성령께서 가르치신 것으로 하니 영적인 일은 영적인 것으로 분별하느니라" (고린도전서 2:13).

모든 국가는 역사를 기록한 책이 있습니다. 많은 국가의 역사책들 중에서 매우 독특한 것이 하나 있습니다. 그것은 이스라엘의 역사책입니다. 이스라엘의 역사책이 독특한 이유는 성경 안에 역사가 기록되어 있기 때문입니다. 성경이 한 국가의 역사를 기록한 책이라는 사실은 단순히 독특함을 넘어 매우 기이한 사건으로 여길 만합니다.

이스라엘의 역사책의 또 다른 독특한 점은 다른 나라의 역사 기록에는 없는 하나님의 업적이 자세히 기록되어 있다는 것입니다. 다른 모든 역사책은 왕들을 주인공으로 기술을 하지만 이스라엘의 역사는 하나님을 주인공으로 쓰여 있습니다.

이스라엘의 역사에도 왕들이 많이 등장하지만 이들이 주인공은 아닙니다. 이스라엘 역사의 핵심 줄거리는 하나님이 왕들을 어떻게 세우기도 하고 폐하기도 하는지에 관한 것입니다. 하나님은 왕들의 정치를 관찰합니다. 그들의 선악에 대하여 판단합니다. 그에 따른 상벌을 줍니다. 그러한 하나님의 섭리를 통하여 인간들에게 교훈을 주고 진리를 가르칩니다.

이처럼 성경에 왕들의 정치와 하나님이 다스린 역사가 상세히 기록되어 있는 것을 볼 때에 하나님도 정치적인 존재라는 생각을 하게 됩니다. 하나님을 정치가라고 정의하여도 틀리지 않은 이유는 실제로 하나님은 온 세상을 다스리고 있기 때문입니다. 하나님은 가장 넓은 면적을 가장 완벽하게 다스리는 정치가라고 할 수 있습니다.

세상의 정치인들은 정치를 배우고 연구하기 위하여 관련 책들을 읽겠지만 정치 지존인 하나님이 저술한 정치학 개론을 반드시 공부해야 할 것입니다. 하나님이 직접 정치를 한 경험을 상세히 서술해 놓은 살아있는 정치 교과서가 성경입니다. 따라서 하나님을 믿고 성경을 읽으면 최고의 전문가에게 정치를 배우는 것입니다.

하나님을 모르는 사람들은 두 가지 중요한 사항을 고려하지 않고 상황을 판단합니다. 첫째, 모든 현상에는 영적인 배경이 있다는 사실입니다. 둘째, 하나님이 많은 상황에 초자연적으로 간섭한다는 사실입니다.

우리는 이성적으로 설명이 어려운 현상이나 불가사의해 보이는 인간의 행태를 종종 접하게 됩니다. 가까이는 최근에 벌어지는 한국의 정치에서 이러한 것들을 볼 수 있습니다. 대표적인 두 가지를 꼽아보겠습니다. 하나는 한국 대통령의 공산주의 사상과 그에 따른 반국가적, 반인권적 불법 행위들입니다. 다른 하나는 이러한 대통령과 열두 가지 죄목으로 기소된 전직 장관을 좋게 여기는 한국 국민의 죄 불감증입니다.

한국에서 벌어지는 이 두 가지 현상은 이성적으로 설명이 어렵습니다. 이러한 변태적 사회현상이 발생하고 그 원인이 이성적으로 설명이 되지 않는 이유가 있습니다. 그 이유는 이러한 일은 영적인 일이기 때문입니다. 본문 말씀인 고린도전서 2장 13절을 보겠습니다.

"우리가 이것을 말하거니와 사람의 지혜가 가르친 말로 아니하고 오직 성령께서 가르치신 것으로 하니 영적인 일은 영적인 것으로 분별하느니라" (고전 2:13).

헌법을 수호하는 책임이 있는 대통령이 오히려 헌법을 파괴합니다. 권력의 잘못을 감시해야 할 국민들이 오히려 권력의 불법을 옳게 여깁니다. 이렇게 기이한 현상이 왜 발생하는지 사람의 지혜로는 알 수 없습니다. 오직 성령이 가르칠 수 있습니다. 영적으로만 분별할 수 있습니다.

하나님은 우주를 창조하고 모든 것이 어떤 원칙에 의하여 돌아가게 해 놓았습니다. 해와 달과 지구가 일정한 거리를 유지하며 부딪히지 않는 것도 그 중에 하나입니다. 우리는 이것을 자연의 원리라고 부릅니다. 그리고 특별한 경우가 아니면 자연의 원리는 계속 유지됩니다. 그러나 가끔은 하나님이 자연의 원리에 간섭합니다.

성경에는 해가 멈춘 기록이 있습니다. 해가 뒤로 돌아간 기록도 있습니다. 여호수아 10장 12절, 13절과 열왕기하 20장 11절을 보겠습니다.

"여호와께서 아모리 사람을 이스라엘 자손에게 넘겨주시던 날에 여호수아가 여호와께 아뢰어 이스라엘의 목전에서 이르되 태양아 너는 기브온 위에 머무르라 달아 너도 아얄론 골짜기에서 그리할지어다 하매" "태양이 머물고 달이 멈추기를 백성이 그 대적에게 원수를 갚기까지 하였느니라 야살의 책에 태양이 중천에 머물러서 거의 종일토록 속히 내려가지 아니하였다고 기록되지 아니하였느냐" (수 10:12-13).

"선지자 이사야가 여호와께 간구하매 아하스의 해시계 위에 나아갔던 해 그림자를 십도 뒤로 물러가게 하셨더라" (왕하 20:11).

여호수아가 기도를 하자 해와 달이 움직이지 않고 한동안 머물렀습니다. 이사야가 기도하자 해시계가 뒤로 물러갔습니다. 이 외에도 성경에는 바다와 강이 갈라지는 등 초자연적인 현상이 많이 소개 됩니다.

사람들은 이러한 초자연적인 현상을 기적이라고 부릅니다. 초자연적인 현상은 하나님이 자주 사용하는 방법은 아니지만 종종 자신의 뜻을 따라 또는 사람의 기도를 응답하기 위하여 사용합니다.

그러므로 하나님의 기적은 어느 상황에도 일어날 수 있습니다. 정치에도 일어날 수 있습니다. 그러나 하나님을 믿지 않는 사람들은 이러한 기적을 믿지 않습니다. 초자연적인 일이 발생하는 것을 인정은 하더라도 그것이 하나님의 섭리라고 이해하지 않습니다.

그러므로 탁월한 정치가나 정치 논평가들도 성경을 모르면 하나님이 간섭한 대통령의 반국가적 반인륜적 범죄 행위를 설명하지 못합니다. 악한 범법자를 좋게 여기는 범국민적 정신분열 현상을 명쾌

하게 해설할 수 없습니다. 적절한 대응도 못합니다.

지금 대한민국은 건국 이래 육이오 사변 다음으로 어려운 상황에 처해있습니다. 그리하여 많은 정치인들과 언론인들이 방송국을 설립하였습니다. 일반인들도 정치 방송국을 만들고 있습니다. 이들은 더이상 한국의 정치를 간섭하지 않으면 죽을지도 모른다는 위기감에서 유튜브 방송을 시작한 듯 보입니다. 그들이 방송을 진행하면서 나타내는 결기를 보면 그것을 감지할 수 있습니다.

그러나 정치 전문가나 정치 방송인이 많다고 정치가 바르게 되는 것은 아닙니다. 그들의 지식과 경험이 유익하게 하는 면이 없지는 않겠지만 정답을 주지는 못합니다. 그들의 이론은 복잡합니다. 정반대의 주장을 하며 서로 옳다고 논쟁합니다.

왜곡된 학문과 틀린 이론을 적용합니다. 실패한 것을 다시 도입합니다. 같은 일을 반복하면서 다른 결과를 기대합니다. 이들은 오랜 연구 끝에 일곱 가지의 답을 제시합니다. 그러나 거기에 정답은 없습니다. 왜냐하면 이들은 성경 안에서만 배울 수 있는 두 가지를 놓쳤기 때문입니다.

문재인 정권 이전에는 한국의 정치는 좌파와 우파 간의 작은 싸움이었습니다. 그러나 지금 한국의 정치는 그리스도와 벨리알의 대결 구도입니다. 이것은 큰 전쟁입니다. 이것은 한국의 정치 상황을 영적으로 판단한 것입니다. 이러한 판단은 한국 정치를 분석하는 기본적이면서 중요한 전제입니다. 이 전제를 모르면 한국 정치의 문제점을 올바르게 파악할 수 없고 해결할 수도 없습니다.

하나님은 앞으로 걸어가려는 사람을 뒷걸음치게 만들지 않습니다.

인간의 자유의지와 인격을 존중하기 때문입니다. 그렇지만 하나님은 원하기만 하면 초자연적으로 간섭을 할 수 있습니다. 앞으로 가려는 자를 뒤로 가게 할 수 있습니다. 자유 민주주의 국가를 하루 아침에 공산독재 국가로 바꿀 수도 있습니다.

대통령이 자유민주주의 국가를 공산독재국가로 만들려고 합니다. 경제를 망하게 하고 군사력을 약화시킵니다. 정치를 혼란에 빠뜨리고 사회의 갈등을 조장합니다. 국민의 절반이 그러한 대통령을 지지합니다. 이러한 사회현상은 쉽게 설명이 되지 않습니다. 그러나 여기에 하나님의 섭리를 대입하면 어렵지 않게 설명이 됩니다.

나라를 망하게 하는 대통령이 세워진 것은 국민들이 그러한 자를 대통령으로 선출하였기 때문입니다. 그러나 영으로 분별을 하면 한국 국민들이 악하므로 하나님이 악한 대통령을 세운 것입니다.

한국 국민들이 악한 이유는 하나님이 그들을 악하게 버려 두었기 때문입니다. 불의를 행하는 자들을 그대로 불의를 행하게 버려 둔 것입니다. 요한계시록 22장 11절을 보겠습니다.

"불의를 행하는 자는 그대로 불의를 행하고 더러운 자는 그대로 더럽고 의로운 자는 그대로 의를 행하고 거룩한 자는 그대로 거룩하게 하라"(계 22:11).

이들은 오랫동안 불의를 좋아했던 사람들입니다. 그러니 아직도 문재인과 그에게 속한 자들의 불의를 좋아하는 것입니다. 이들에게는 데살로니가후서 2장 11절, 12절 말씀이 응하였습니다.

"이러므로 하나님이 미혹의 역사를 그들에게 보내사 거짓 것을 믿게 하심은" "진리를 믿지 않고 불의를 좋아하는 모든 자들로 하여금 심판을 받게 하려 하심이라" (살후 2:11-12).

대깨문들의 정신질환적 악한 행태가 성경 말씀을 적용함으로써 이해가 되었습니다. 이들은 단순히 정치적으로 좌파 성향을 가진 사람들이 아닙니다. 악한 자들입니다. 하나님은 악한 자들을 심판하기 위하여 악한 자를 좋게 여기게 한 것입니다. 한국 정치의 불가사의가 영적인 조명을 통하여 풀어졌습니다.

또 다른 하나의 불가사의한 일이 있습니다. 이 일은 많은 한국 국민들이 지금도 수수께끼처럼 여기는 것입니다. 이에 대한 여러가지 설이 분분한 주제입니다. 그것은 문재인과 김정은의 관계입니다. 노인 문재인이 청년 김정은에게 모욕과 수치를 밥 먹듯이 당하는 것은 모든 국민이 알고 있습니다. 그럼에도 문재인은 김정은에게 아무 대꾸를 하지 못합니다.

문재인이 왜 그런 지 사람들이 분석한 것은 크게 세 가지입니다. 첫째, 관계를 좋게 유지하기 위해서 참는 것이다. 둘째, 약점이 잡혀서 그렇다. 셋째, 치매가 있어 화를 낼 때와 웃어야 할 때를 판단을 할 수 없기 때문이다.

이 셋 중에서 설득력이 가장 큰 것은 두 번째 이유입니다. 왜냐하면 공산주의자 문재인이 한국의 군사기밀을 김정은에게 넘겨주었거나 간첩죄 또는 이적죄에 해당하는 어떤 일을 하였을 가능성이 높기 때문입니다.

김정은이 이러한 증거를 가지고 있다면 문재인은 김정은에게 평생 모욕을 당하여도 감수해야 하는 약점이 잡힌 것입니다. 이 일에 관해서는 정권이 바뀌면 사실이 밝혀지겠지만 그럴 개연성은 매우 높습니다.

그러나 이것 보다 더 분명한 이유가 있습니다. 이것은 이미 살펴본 세 가지 분석에 포함되어 있지 않습니다. 이것은 영적인 문제입니다. 늙은 문재인이 젊은 김정은에게 신하처럼 조아리는 이유는 영적으로 분별할 때에 그 답을 얻을 수 있습니다. 이 문제를 이해하려면 두 가지 사실을 알아야 합니다.

첫째, 사탄이 정치의 형태를 하고 있는 것이 공산주의라는 사실입니다. 마귀의 특성과 공산주의자들의 특성이 동일합니다. 공산주의는 현대사에서 60년간 기독교인을 5천만 명이나 죽였습니다. 공산주의가 사탄의 사상인 것을 분명히 보여주는 것입니다.

둘째, 마귀의 세계에도 계급이 있습니다. 큰 마귀일수록 넓은 지역을 관할합니다. 성경에는 다니엘의 기도에 응답하러 오는 천사들이 바사의 군주가 훼방하여 지체된 이야기가 있습니다. 여기서 바사의 군주는 사람이 아니고 바사 왕국을 지배하는 마귀입니다. 이처럼 마귀의 직위에 군주라는 호칭이 붙는 것은 마귀도 계급사회이기 때문입니다.

현대사의 가장 큰 마귀 둘을 지명한다면 스탈린과 모택동입니다. 이들은 각각 2천만 명의 기독교인들을 학살하였습니다. 통치한 면적이나 죽인 사람의 수를 보아도 이들은 역사상 가장 큰 마귀들이라고 할 수 있습니다.

그렇다면 현존하는 가장 큰 마귀들은 누구이겠습니까? 통치 면적의 크기를 기준으로 하면 시진핑이고 잔악성을 기준으로 하면 김정은입니다. 시진핑 마귀는 중국 대륙을 통치하고 김정은 마귀는 한반도를 통치하고 있습니다.

문재인이 김정은에게 자신은 남쪽 대통령이라고 말한 적이 있습니다. 이것은 우연히 내 뱉은 말이 아닙니다. 이 말은 문재인이 김정은을 상전 마귀로 모시고 있으므로 그 영이 알고 사실대로 고백한 것입니다. 문재인은 한반도의 남쪽 절반만 관할하는 김정은의 부하 마귀입니다.

그렇다면 문재인이 나라를 공산화하여 김정은에게 바치려고 하는 그의 사상과 정책은 단순한 정치적 투쟁으로 무너뜨릴 수 있는 것이 아닙니다. 영적인 전쟁이 필요합니다. 기도하면서 성경에서 지혜를 찾아야 합니다. 하나님께 구해야 합니다.

청와대와 민주당 안의 빨갱이들과, 좌파 방송인들과, 벙어리 목사들과, 대깨문 같은 새끼 마귀들이 한반도를 뒤 덮고 있습니다. 나라가 이렇게 된 이유는 으뜸 마귀 김정은과 버금 마귀 문재인이 한반도를 지배하고 있기 때문입니다.

지금 대한민국은 이 두 마귀에 의해 총체적으로 미혹되어가고 있습니다. 이 미혹의 끝은 국가가 공산화되는 것입니다. 믿는 자들이 감옥에 가는 것입니다. 복음을 전한다고 죽임 당하는 것입니다.

하나님은 이처럼 사탄의 궤계로 망해가는 대한민국을 그냥 버려둘 수도 있고 구원할 수도 있습니다. 하나님이 어떠한 결정을 할지는 전적으로 한국 국민들에게 달려있습니다. 국민들이 복과 저주 중에 하나를 선택해야 합니다. 이것이 이스라엘의 역사를 통하여 성경이 가르치는 교훈입니다. 신명기 11장 26절에서 28절까지를 보겠습니다.

> "내가 오늘 복과 저주를 너희 앞에 두나니" "너희가 만일 내가 오늘 너희에게 명하는 너희의 하나님 여호와의 명령을 들으면 복이 될 것이요" "너희가 만일 내가 오늘 너희에게 명령하는 도에서 돌이켜 떠나 너희의 하나님 여호와의 명령을 듣지 아니하고 본래 알지 못하던 다른 신들을 따르면 저주를 받으리라"(신 11:26-28).

우리는 복을 선택해야 합니다. 그러나 우리가 복을 선택할 때에 하나님께서 명하는 것이 있습니다. 그것은 전쟁을 하라는 것입니다. 이 전쟁은 총칼로 하는 것이 아닙니다. 마귀들을 대적하여 말씀과 기도로 싸우는 것입니다. 이렇게 할 때에 우리는 저주 대신에 복을 선택하는 것입니다. 멸망 대신에 구원을 선택하는 것입니다.

전쟁을 위하여는 전략과 전술의 교본이 필요합니다. 전투력을 강화하는 완벽한 전투 교본이 있습니다. 그것은 성경입니다. 싸워서 승리하기 원하면 여러분은 성경을 알아야 합니다. 성경이 말씀하는 그대로 행하여야 합니다. 여호수아가 그렇게 하여 백전백승하였습니다.

성경 외에 추천하는 전투 교본이 하나 있습니다. 성경이 교과서라면 이 책은 참고서입니다. 성경은 전쟁의 개론에 대하여 가르칩니다. 이 책은 실제 전투에 적용하는 실전 교본입니다. 이 책은 현실 정치와 영적인 배경을 접목시켜 한국의 정치를 풀어갑니다. 영적인 전쟁과 물리적인 전쟁을 연결하는 통찰력을 제공할 것입니다. 통일 대통령에 대한 영감을 줄 것입니다.

이 책 안에는 북한 동포를 해방시키고 온 민족이 구원받는 지혜가 담겨있습니다. 책의 제목은 "영혼을 살리는 설교 8" 부제목은 "한국정치" 입니다. 여러분 모두 이 책을 구하여 읽고 국가와 민족을 살리는 전쟁에 함께 참여하여 승리하기를 예수 그리스도의 이름으로 축복합니다.

영혼을 살리는 설교 2
성령의 인도 ─────────────────────────────────

초판 1쇄 2021년 02월 26일

지은이 다니엘 조
펴낸곳 쉐미니 아쯔렛
이메일 sukkot777@gmail.com
등 록 2018. 8. 20 제2018-000081

ISBN 979-11-964731-5-0 03230